我国海装制造企业项目决策系统的构建及其运行绩效评价研究

WOGUO HAI-ZHUANG ZHIZAO QIYE XIANGMU JUECE XITONG DE GOUJIAN JI QI YUNXING JIXIAO PINGJIA YANJIU

徐鑫亮◎著

2016年度黑龙江省
社会科学学术著作出版资助项目
2016NIANDU HEILONGJIANGSHENG
SHEHUI KEXUE XUESHU ZHUZUO CHUBAN ZIZHU XIANGMU

HEUP 哈爾濱工程大學出版社

内容简介

海洋工程装备(简称海装)制造业是我国战略新兴产业之一，在此背景下，本书对海装制造业的相关理论进行了综述，分析了我国海装制造企业项目决策的现状，对海装制造企业项目决策系统的构成进行了分析，并构建了海装制造企业项目决策系统模型，提出了决策制定子系统、决策支持子系统、决策执行子系统、决策监督子系统、决策评价子系统。本书同时对海装制造企业项目决策系统运行绩效进行了评价研究，对其系统运行制定了保障措施。

本书可以作为相关理论研究者的参考用书。

图书在版编目(CIP)数据

我国海装制造企业项目决策系统的构建及其运行绩效评价研究/徐鑫亮著. --哈尔滨:哈尔滨工程大学出版社,2016.11

ISBN 978-7-5661-1396-2

Ⅰ.①我… Ⅱ.①徐… Ⅲ.①海洋工程—装备制造业—工业企业—决策系统—研究—中国 Ⅳ.①F426.4

中国版本图书馆 CIP 数据核字(2016)第 283588 号

选题策划 龚 晨
责任编辑 张忠远 马毓聪
封面设计 恒润设计

出版发行 哈尔滨工程大学出版社
社 址 哈尔滨市南岗区东大直街 124 号
邮政编码 150001
发行电话 0451-82519328
传 真 0451-82519699
经 销 新华书店
印 刷 哈尔滨市石桥印务有限公司
开 本 787 mm×960 mm 1/16
印 张 11.25
字 数 230 千字
版 次 2016 年 11 月第 1 版
印 次 2016 年 11 月第 1 次印刷
定 价 31.00 元
http://www.hrbeupress.com
E-mail:heupress@hrbeu.edu.cn

前　言

海洋工程装备(简称海装)是用于海洋油气资源开发的大型工程装备及其辅助性装备。海装制造业目前市场前景好,发展潜力大,同时也存有潜在危机。项目化管理模式是我国海装制造企业的主要生产经营方式,若企业在项目管理过程中某一个环节的决策出现失误,会导致整个项目的延误,所以项目决策的科学性对于海装制造企业非常重要。研究我国海装制造企业项目决策系统的构建及其运行绩效,对于保证我国海装制造企业项目决策过程的科学性,并验证目前我国海装制造企业项目决策系统是否合理,具有现实意义。本书主要内容如下:

首先,通过对海装制造业国内外现状的研究,以及对企业项目决策系统相关概念的介绍,分析我国海装制造企业的现状以及项目决策中存在的问题,并构建我国海装制造企业项目决策系统。其主要方法是:通过分析决策系统的构成要素并运用解释结构模型分析其要素间的关系,构建决策制定、决策支持、决策执行、决策监督和决策评价五个子系统,并基于构成要素及子系统搭建我国海装制造企业项目决策系统。

其次,构建海装制造企业项目决策系统运行绩效的评价模型。其主要方法是:利用扎根理论对系统运行绩效的评价指标进行选取,从而构建海装制造企业项目决策系统的运行绩效评价指标体系,并利用新提出的 ANP-FCE-DEMATEL(AFD)综合评价方法,构建海装制造企业项目决策系统运行绩效的 AFD 评价模型。

再次,通过实地调研的方式,对我国海装制造企业项目决策系统的运行绩效评价进行实证分析。其主要方法是:选取并介绍了较有代表性的海装制造企业,根据企业实际运营中获得的数据对该企业决策系统运行绩效进行建模与评价,并对结果进行分析。

最后，提出我国海装制造企业项目决策系统运行的保障措施。从项目进度、质量、风险以及外部环境四个方面，提出可以保障我国海装制造企业项目决策系统顺利运行以及保证海装制造企业项目决策系统运行效率的有效措施。

著　者

2016 年 3 月

目　　录

第一章　绪　　论

第一节　研究的背景、目的及意义

一、本书研究的背景

随着陆地资源的不断消耗，海洋凭借其广阔的空间及丰富的资源在近年来受到了世界各国的广泛关注。就我国而言，丰富的海洋资源、维护能源安全的需求、建设海洋强国的战略均刺激了我国海洋油气资源的开发与利用。随之而来的是，对用于海洋资源勘探、开采、加工、储运、管理以及后勤服务等方面的海洋工程装备（以下简称海装）的需求亦变得更加旺盛。本书即选择了海洋工程装备制造企业（以下简称海装制造企业）作为主要研究对象。

自 21 世纪以来，我国海装制造企业迎来了发展的黄金阶段。据中国船舶工业行业协会最新发布的《2013 年船舶工业经济运行分析》中公布的数据，我国海装市场 2013 年持续稳定增长，承接的各种海装制造订单逾 180 亿美元，较 2012 年提升了 16%，约占全球市场份额的 30%。与此同时，作为利用海洋资源和支持国防建设的新兴战略产业，海装制造企业的发展也得到了国家政策的大力扶持。

我国海装制造企业具有良好的发展态势和成长空间，但与之不相匹配的是，我国海装制造企业在技术、管理等方面仍与世界先进水平存在一定的差距。其最明显表现在于，虽然我国海装制造企业项目化管理模式已经基本成形并贯穿了整个生产过程，但相关企业的项目管理技术相对薄弱，其很大程度是由决策失误造成的，项目决策能力的薄弱严重地制约了我国海装制造企业市场竞争力的提升。因此，我国海装制造企业亟须与海装的发展相适应，迫切需要科学完善的项目决策系统予以支撑。

海装项目是以获取订单为起点、交付为终点的一系列设计、建造以及管理等活动的集合。海装项目可以看作一个复杂的多元化的系统工程，它包含的内容极为丰富，已经发展成为主要包括海洋移动钻井平台（船舶）、浮式生产系统、海洋工程作业船和辅助船等三类装备及其关键配套设备和系统的一门崭新的综合性工程学科。一般来讲，海装项目投资大且项目周期较长，在项目全生命周期中，各种材料及零部件种类多、数量大，建造流程复杂、涉及技术繁复且跨学科，项目参与人数多、项目计划紧凑等，这都需要项目运营按照系统科学规律进行统筹调度，使得项目决策难度加大。就目前而言，海装制造企业大多属于国有企业或者国有控股企业，少数的私有化企业也均有不同程度国有背景，这使得海装制造企业在决策过程中存在一定的缺陷，如决策方法较为陈旧、应急性决策问题难以处理、决策制定及评价不及时等。从根本上说，我国海装制造企业项目缺乏科学有效的决策系统作为保障与支撑，使得企业项目决策过程中极易出现失误。尤其在海装制造企业项目进度、质量、风险等重大问题方面，一旦出现决策失误，将极有可能影响到企业项目完成与交付。

目前，我国学术界面向海装制造企业项目决策系统的构建及其运行绩效评价的理论还鲜有研究，项目决策系统的构建及其运行绩效评价的实践也几乎空白。基于此紧迫需求，海装制造企业项目决策系统的构建及其运行绩效的理论与应用问题是当前亟须研究的管理课题。

二、研究目的

本书的主要研究目的是针对我国当前海装制造企业在项目管理过程中需找到科学的决策模式的问题，构建出一套科学有效的决策系统。同时构建全面、客观的决策系统运行绩效的评价指标体系，运用实证分析的方法对我国海装制造企业项目决策系统的运行情况加以评判，并提出决策系统有效运行的保障措施。

基于研究目的，本书研究的具体目标有：

(1)分析我国海装制造企业项目决策的现状；

(2)分析我国海装制造企业项目决策系统的构成要素及其相互关系；

(3)构建我国海装制造企业项目决策系统模型；

(4)构建我国海装制造企业项目决策系统运行绩效的评价指标体系，并给出实证研究；

(5)提出我国海装制造企业项目决策系统运行的保障措施。

三、研究意义

(一)理论意义

海装制造业是我国战略性新兴产业之一，是我国开发海洋资源、发展海洋经济的先导产业，是保障我国能源安全、促进经济较快发展的重要支柱产业。虽然海装制造业炙手可热，然而对于海装制造业相关的研究处于刚刚起步的阶段，成果往往较为片面且不成体系，长此以往将制约我国海装制造业的进一步发展。本书即以海装制造企业项目决策系统为出发点,从理论角度,对项目决策系统相关概念进行科学界定,对于海装制造企业项目决策系统进行了深入的研究。项目决策系统是海装制造企业项目化管理的核心环节,本书以“发现问题—分析问题—解决问题”的视角,从项目决策系统的重要性出发,深入分析项目决策系统的构成要素、构建模型、运行及绩效评价,最终提出了科学有效的保障措施。本研究既是对决策系统理论的一次深层次的探索,也是将决策系统理论与实际的产业环境、项目环境相结合的一次拓展与创新,对于丰富与发展项目决策系统具有重要的理论意义。

本书的研究一方面填补了国内外对项目决策系统研究的空白,拓展了决策系统的研究视角;另一方面有所侧重,特别针对海装制造企业的独特性进行了深入细致的分析,具备一定的特异性。

(二)实践意义

海洋工程装备不仅是海洋经济发展的必要前提,也是国家能源安全的重要保障,海装制造业的蓬勃发展也给相关领域企业的转型升级提供了良好契机。21世纪以来,船舶工业正处于行业周期的谷底,尤其受到了金融衰退的持续影响,各大船企都面临着订单数量逐步减小、行业竞争加剧的困扰。海装制造业的崛起则为船舶工业带来了新的发展机遇,各大船企纷纷开始转型升级,试图在海洋工程装备这一热门领域分得一杯羹。然而,大部分企业在海装项目上缺乏积累,管理能力低下。海装制造企业项目决策系统的研究对提升海装制造企业项目管理能力具有重要的实践意义。

第二节 国内外研究现状及评述

从国内外相关文献及研究成果来看,目前理论界对于海装制造企业项目决策系统仍没有明确的概念和深入的研究分析,但专家学者在决策、项目管理等相关领域的研究却硕果颇丰。为了充分把握本书提出的海装制造企业决策系统及运行绩效评价相关学术研究成果,现在从海装企业项目管理、决策系统、运行绩效评价三个方面来介绍与分析本书相关领域的国内外研究现状。

一、国外研究现状

(一)海装企业项目管理

海装制造业具有区别于一般制造业的特点,主要可以归纳为:以项目为主要生产方式、投资金额巨大、涉及学科繁杂。但由于海装制造业是随着海洋经济的兴起而在近几年才受到广泛关注,在国内外学术界很少有对该领域中科学的项目管理方向的专门研究。鉴于海装企业项目管理本质上仍属于项目管理领域,可以看作是项目管理在特定领域的延伸与扩展,两者在理论上存在共同之处,故本节中主要针对项目管理进行现状分析。

H. Gantt 在第一次世界大战时期发明了甘特图这一工具,其出发点是在战争期间对军事工程项目进行计划与控制。甘特图基于作业排序的方式,将活动与时间有机联系起来,以图示的方式表示出特定项目的活动顺序与持续时间。甘特图以其简单直观的优势,成为了一项重要的项目进度规划设计,成为现代工商管理的必要工具。

J. E. Kelly 和 M. R. Walker 于 1957 年提出了关键路线法(Critical Path Method)即 CPM 技术。CPM 技术利用网络图来表示各项工作之间的相互关系,通过分析项目中不同活动序列所需的工期、成本、资源来预测并获得最佳的计划安排。CPM 技术适用于工期受限且同时存在多项作业活动的项目,它可以看作是一个动态的系统,需要随着项目的进展进行更新。

1958 年,美国海军在北极星导弹项目中,基于网络分析方法提出了计划评审技术(Program/Project Evaluation and Review Technique)即 PERT 技术。该技术广泛用于现代计划的分析与制订,可以协调整个计划中的不同工序、合理安排资源、加速计划的进展。

CPM/PERT 技术的出现,是现代项目管理学科的里程碑。

1960 年,美国航天局提出了工作分解结构(Work Breakdown Structure)即 WBS。WBS 将项目按照成果或者工序顺序逐层分解,形成更易于管理的若干细化组成部分。WBS 最终将形成一张完全的活动清单,清晰地反映出从项目开始到项目完工的全部工序,包括人员分配、预算经费以及进度计划等。

1963 年,美国空军提出了支持项目绩效管理的挣值理论(Earned Value)即 EV 方法,建立了由计划到实际的一道桥梁,通过比较项目实际与计划的差异,不断对项目剩余任务进行调控。同年,美国空军引入了项目全寿命周期方法(即 PLC 方法)作为项目管理方法。

1964 年,美国航天局采用了配置管理方法(Configuration Management)即 CM 方法,该方法通过技术或者行政手段对项目进行控制、规范,记录项目各工序的演化过程,确保项目中各个阶段都能得到良好的资源配置。

美国在随后提出的"能源自主计划"中,通过对军事化应用的项目管理方法进行整合与完善,逐步形成了一套系统的项目管理理论。与此同时,项目管理科学不断发展,于 20 世纪六七十年代逐步形成单独系统的学科体系。1965 年成立的国际项目管理协会(International Project Management Association, IPMA)以及 1969 年成立的美国项目管理协会(Project Management Institute, PMI),都标志着现代项目管理理论研究日益成熟。

1984 年,PMI 推出的《项目管理知识体系(PMBOK)指南》,是世界较为权威的项目管理体系的标准之一。此后,该标准经过 1987 年、1996 年以及 2003 年的大规模修订工作,目前已经成为全球公认的项目管理标准,并成为国际标准化组织 ISO 10006标准的基础方案。PMBOK 将项目管理划分为九大细分领域,分别是:时间管理、质量管理、采购管理、风险管理、范围管理、费用管理、沟通管理、人力资源管理以及综合管理。项目管理体系的创立与健全,使得项目管理逐步成为管理学的重要分支之一。

J. Herbsleb 和 R. L. Glass 等人对能力成熟度模型(Capability Maturity Model)即 CMM 模型进行分析研究,并在其基础上提出了若干扩展性模型,如 SW-CMM、P-CMM、IPD-CMM、T-CMM 等。2003 年,James 和 Kevin 设计了二维成熟度模型,从 SEI 的五级成熟度以及 PMI 的九领域划分两重维度进行模型构建。

2000 年,C. William 等提出了项目管理过程成熟度模型(Project Management Process Maturity Model)即 PMPMM 模型,并于 2001 年在此模型基础上扩展得到了 PM2 模型。

此外,很多学者或组织都提出了相关的项目管理模型,如国际项目管理协会于 2001 年提出的基于蛛网理论的项目管理成熟度模型 IPMA-PM3;KLR-Consulting,Inc. 于 2002 年提出的五层级项目管理成熟度模型 PMS-PM3;美国项目管理学会于 2003 年提出的组织项目管理成熟度模型 OPM3;Knapp & Moore Pty Limited 提出的四级项目管理成熟度模型 KM-PM3。

(二)决策系统

H. Simmon 是现代决策理论的开创者与奠基人,是诺贝尔经济学奖的获得者,他认为“管理就是决策”,决策是管理的必要环节,决策贯穿管理的始终,制订计划是决策,任何作业开始之前都要作决策,组织、领导和控制等过程也都离不开决策。1947 年,他在《管理行为》一书中,针对“完全理性”和“非理性”提出了“有限理性”观点,充分考虑了决策过程中人的影响因素。1976 年,他在《管理决策新科学》一书中,考虑了计算及技术对决策系统过程的影响。

1961 年,W. Bruce 主张实现计划与市场结合的思想,通过国家定价来引导企业决策,即宏观决策权由国家掌握,经营决策权由企业独立进行,并受市场机制的调节。

1965 年,C. Kaysen 在《Another View of Corporate Capitalism》一文中,论证了企业运营过程中决策系统的重要性。

1985 年,R. P. Abelson 和 A. Levi 在《Decision Making and Decision Theory》一书中,系统总结了决策理论的发展历程并对决策理论进行了归纳总结及详实地介绍。

1985 年,梯莫斯·贝在《企业决策的要秘》一文中,指出美国企业决策的要秘概括说来是分为调查、决策、行动这三个基本环节,整合归纳共有十五个具体步骤,以及施行决策、做好准备工作、实施决策等三个行动步骤。

1986 年,R. Hogarth 和 M. Reder 在《Perspectives from economics and psychology: editor's comments》一文中,从经济学和心理学两个方面对于理性决策进行了分析,改善了当时单纯从经济学角度分析问题的情况。

1993 年,N. Castellan 在《Individual and Group Decision Making: Current Issues》一书中,介绍了组织内群体决策的应用,特别针对应急决策和自然组织决策进行了详细的分析与研究。

1995 年,A. Langley 和 H. Mintzberg 等人在《Opening up decision making: The view from the black stool》一文中,综合了前人学者的理论经验,从模糊理论、理性限制及交织网络三个方面扩展了关于决策的概念,丰富了决策学的理论研究。

1997 年,J. March 在《Understanding How Decisions Happen in Organisations》一书中,从组织的角度探讨了决策的发生及制定过程。2000 年,S. Cook 在《制定管理决策教程》一书中,描述了制定决策的四个过程。

随着决策理论的进一步发展,决策理论的研究范畴有所扩展,除了传统的单体决策之外,决策理论逐渐形成不同的研究学派,包括模糊决策、多属性决策、群体决策等。2005 年,Ölcer 等人对在模糊环境下的多属性决策方法提出了改进意见,将不同的意见进行整合,同时分析环境区别。2007 年,A. Altuzarra 等人提出了贝叶斯优化集成方法,并将它用在层次分析群决策的方法中;K. Jabeur 等人在思考偏序的个体偏好和个体成员的权重时,想到在集结群决策中设计了一种排序方法;T. Inohara 则提出了关于群决策中的广义一致性。2009 年,Chung-Hsing Yeh 等人提出了帮助群体决策者形成主观判断方案的一种模糊多属性决策方法进行评价。

21 世纪以来,全球信息化进程突飞猛进,管理科学与其他学科的界限越来越模糊,各领域科学交叉融合又使得决策科学的范畴不断扩展。

2010 年,R. Krohling 等人为解决海洋石油钻探事故应急方案选择问题,设计了一种模糊 TOPSIS 决策系统。

2011 年,J. Berners 在《The Nature and Development of Decision-making: A Self-regulation Model》一书中,提出了一个全面整合的自我监管系统,可以保证制定决策领域所需的连续性,以便进行决策研究。

2013 年,W. Michel 等人在《Information acquisition during online decision making: A model-based exploration using eye-tracking data》一文中,研讨了针对网络的决策,并提出了一个分层的隐马尔科夫模型;P. Crowley 和 T. Zentall 在《Comparative decision making》一文中,主要探讨了不同决策方式之间的比较,并希

望以此为依据发展一个新的研究方向及领域；A. Chaudhuri 和 B. Mohanty 等人在《Supply chain risk assessment during new product development：A group decision making approach using numeric and linguistic data》一文中，结合决策理论和供应链理论，探讨了企业研发的群体决策问题。

（三）运行绩效评价

1996 年，V. Chiesa 在《Development of technical innovation audit》一文中，首次提出了绩效评价的概念。

1999 年，Pawar 和 Driva 在《Performance measurement for product design and development in a manufacturing environment》一文中，对企业绩效评价的评价指标进行了分析，认为企业在产品市场中最常用的指标有五种，分别是：总成品、市场提前期、生产前的实验领域、成本比（实际成本与预算成本的比值）以及时间比（实际完成时间与预定完成时间的比值）。

2000 年，Bond 对中小企业的绩效评价进行了分析论述，指出中小企业一般采用的六个指标，分别是质量、成本、安全、交货可靠性、顾客满意度和士气。

2001 年，S. Stewrt 设置了一种用于绩效评价的指标——企业的市场增加值（Market Value Added，MVA）。MVA 反映了资本市场对企业未来盈利能力的预期，MVA 利用企业总市值（包括企业股票市值以及债务总和）与企业总资本之间的差值计算。

2000 年，Jeffrey 文献《The Strategy-focused Organization：How Balanced Scorecard Companies Thrive in the New Business Environment》中，提出了一种新的评价指标 REVA，该指标以企业资产的市值为基础对企业绩效进行衡量。

Arthur Anderson 公司于 1995 年提出了一种名为智力型企业资本评价的方法，该方法是有效评价企业知识管理程度的工具。

瑞典 Sknadai 公司于 2002 年提出了智力资本的计算方法，指出企业的智力资本的价值可以利用市场价值与账面价值的差值进行衡量。

K. Kaplan 和 D. Norton 于 2003 年提出了一种较为全面有效的绩效评价方法——平衡计分卡，该方法充分考虑了财务与非财务两种指标，将两者相结合形成了一整套完整有效的评价指标体系，并认为财务、客户、内部运作以及学习和成长是评价企业绩效的关键。

A. Lonnqvist 于 2004 年针对知识密集型企业的绩效评价体系进行了深入的分析，认为知识密集型企业的评价指标应该补充某些新型指标，包括对战略成果有影响的驱动因素、财务指标以及作用于过程的指标等。

2005 年，K. E. Sveiby 认为，在企业绩效评价的过程中需要充分考虑一些无形资产的价值，可以利用直接测量的方法评估企业智力资本、计算企业的资产回报率以及评估企业资本的市场价值，或者运用平衡计分卡进行估算。

二、国内研究现状

（一）海装企业项目管理

我国海装项目管理理论与技术方面的研究还比较少，具有代表性的相关研究文献主要有以下几个。

1996 年，何兵在《海洋工程建造的项目管理》一文中，强调了项目管理水平对海装制造企业的重要程度，针对海装项目提出了招投标、进度管理、合同管理等相关管理问题。

1999 年，朱亮在《工程设计项目管理中的计划控制》一文中，提出项目管理的关键问题在于计划与控制，并针对项目计划的流程、存在问题进行分析，希望通过全面计划和全面控制实现项目目标。

2000 年，单彤文在《浮式生产储卸油装置设计的组织与管理》一文中，针对 FPSO（Floating Production Storage and Offloading，浮式生产储油卸油装置）工程项目阐述了其组织管理要点。

2001 年，钱多一在《FPSO 开发与并行工程》一文中，引入了并行工程概念，针对 FPSO 设计与管理中不协调的问题提出了一种管理模式改革的新设想。

2001 年，高绍新在《船舶与海洋工程项目管理信息系统分析与初步设计》一文中，提出了关于船舶与海洋工程项目实施项目管理信息系统的理论框架；2002 年，他在《先进项目管理技术的理论方法及关键技术研究与应用》一文中，为解决进度计划中的回来计算构建了一种新的方法——Grey-PERT 方法。

2002 年—2007 年，顾根南、谈谷月、倪嘉政、丁岚、孙波、余文明等人，在《项目管理在现代船舶建造工程中的应用》《BELANAK FPSO 建造项目管理中的文件控制》《项目管理方法在海洋工程中的应用研究》等文章中分别发表了自己的观点，对项目管理在技术、管理、控制、能力评价等多个方面均有突破性的理论研究和实践参考价值。

2007 年，谭成旭在《复杂装备制造管理系统研究》一文中，对整个复杂装备制造管理系统进行了分析设计与构建，对海装制造的管理系统具有借鉴意义。

2008 年，张志文、吕峰和杨晓英等在《装备制造企业工程成套战略实施研究》一文中，提出了工程成套的概念，分析了装备制造企业实施工程成套的必然性，提出了工程成套的运行模式，探讨了采用工程成套战略的组织建设方案以及需要采取的措施。

2009 年，裴立在《装备制造企业技术人才测评体系研究》一文中，介绍了装备制造企业技术人才的相关概念，从指标体系设计和人才测评两方面研究了相关的技术与理论，构建了装备制造企业技术人才测评体系。

2011年，李钊在《海洋工程装备项目进度监控模式及预警DSS总体设计》一文中，借助计算机科学、模糊数学、管理学、系统学等研究方法，对海装制造企业的进度监控模式与预警DSS进行了探讨与研究。胡翔在《修造船企业拓展海洋工程装备产业的前景分析》一文中，探讨了修造船企业发展海装的独特优势，并对修造船企业的改造提出了相应的建议，包括发展技术、整合资源、加强管理、培养人才四个方面。从总体上讲，修造船企业应认真分析自身优势，借助海装的发展实现企业转型升级。李钊、单建伟在《海洋工程装备项目中产品与活动的可追溯管理研究》一文中，探讨了海装项目中需要追溯的内容及追溯流程，并构建了相关的追溯模型，对海装项目的研究具有借鉴意义。

2013年，赵金楼、徐鑫亮和李红前在《基于WEB海洋工程装备项目进度监控系统的设计》一文中，充分考虑海装项目工序复杂的特点，采用B/S模式和J2EE体系标准两者相结合的方法，完成了项目进度监控系统的方案设计。苏昆、陶永宏和陈慧敏在《成本视角下海洋工程装备供应链协同模式研究》一文中，从海装制造供应链的特点出发，考虑到上游供应商供货不确定性，构建了一个基于激励措施的海装供应链协同模型。

（二）决策系统

决策理论的由来源远流长，在政治、军事、经济等不同领域均有体现，中国早期的决策主要体现在军事领域，如《孙子兵法》《战国策》《三国演义》等著作均可以看作是军事决策的成果。然而，在20世纪80年代初期，我国决策才将决策科学作为一门独立的横断学科展开系统性研究。由于起步较晚，我国理论早期的著作一般来自于国外著作的翻译与借鉴。

1981年，张佩德在《试论企业经营的三步决策思想》一文中，认为企业能否把握市场，生产合理的产品，增进企业和社会的利益，关键在于决策。企业经营的三步决策分别是产品目标决策、目标导向决策、目标实施决策。企业决策的重心在于确定目标，目标的确定在于实现。

1989年，郑惠德在《企业决策的特点》一文中，详细阐述了社会主义企业的企业决策不同于军事、行政等方面决策的特点与规律。唐齐千在《企业决策与系统思想》一文中，论述了企业决策与系统思想的关系，表现在企业决策必须遵循系统思想、企业决策程序和方法必须系统化两方面。

1996年，李翀、甘宝珍在《企业决策的分析方法》一文中，归纳了企业经营决策中常用的分析方法，主要包括差量分析法、贡献毛益总额法、本量利分析法、成本等值点分析法、概率分析法等八种方法；凌彤在《企业决策系统功能评价及其影响因素》一文中，将企业决策活动看作是一个存在于特定时空，具有输入、输出、反馈等过程的动态系统，运用层析分析法和模糊数字理论对决策过程中的复杂性、多元性进行了研究。

1995 年，于敬德在《现代企业决策系统探析》一文中，探讨了我国从计划经济向市场经济转变阶段企业决策系统的新的特点，并且分析了市场经济条件下企业决策系统的构建方法。

2000 年，陈斐松、蒋馥和王意冈在《Petri 网在现代企业决策机制中的应用》一文中，结合计算机仿真技术以及着色随机 Petri 网理论，表明当企业的决策系统与企业所处的内部条件和外部环境相匹配时，将产生较高的决策效率。

2001 年，乔冬梅在《企业决策支持系统信息基础建设的情报学原理探讨》一文中，探讨了决策支持系统（DSS）对企业决策制定的重要意义。文章从信息采集成本收益率、对数透视法则、信息栈理论等 DSS 中的情报学原理分析入手，分析企业信息基础建设应该遵循的规律。

2004 年，谢雄标、葛莉在《论现代企业决策系统的构建》一文中，认为在现代企业制度的建立过程中，不仅需要建立公司制的组织形式，更重要的是建立适应市场要求的经营机制，而决策系统的建立更是决定企业成败的核心；田华在《完善企业决策系统与运行模式，提高企业效率》一文中，提出建立和完善企业决策系统对于企业在经营之中是具有竞争优势的。

2005 年，谢琳琳在《公共投资建设项目决策机制研究》一文中，分析了决策主体、客体，提出了决策机制的评价指标体系；陈伟在《重大工程项目决策机制研究》一文中，通过运用系统论原理，提出了五个维度分析项目决策机制；王晓琴在《决策经济学研究》一文中，从决策经济学这一由经济学与决策学交融而生的新学科入手，对于决策系统进行了详细深刻的剖析，具有极其深刻的理论意义。

张彩江分别在 2004 年、2008 年对决策模式从系统的角度进行了分析，提出了决策价值概念模型、思维信念层、决策知识前提层和决策防范步骤层四个方面，并进行了框架分析。罗依平于 2008 年在《协商决策模式》一文中，同样对决策系统进行了分析与设计。

2006 年，刘天卓、崔浩和陈晓剑在《企业集团决策系统的双层演化模型》一文中，构建了复杂博弈模型，同时论证了企业决策集团中存在的动态决策系统，而决策过程是在高端层次的“选择”和低端层次的“突变”的互动中表现出来的。

2009 年，王冠忠、陈力昌在《新经济体制下的企业决策系统研究》一文中，认为企业决策体制是企业决策的制度化、组织化支撑，而企业要根据自身的决策环境、决策类型来选择和设计决策系统。

2011 年，钱晨在《不同公司治理情境下的企业决策系统评价》一文中，认为企业社会责任问题也可以通过科学设计企业决策系统进行解决；陈浩森在《对中央国有企业决策系统探索》一文中，针对近几年中央国有企业发生的对外投资失败案中暴露出来的对外投资的严重决策漏洞，提出了一套完善企业对外投资决策系统的探索方案。

2010 年，王冠忠、陈力昌在《新经济体制下的企业决策系统研究》一文中，详细地介绍了企业决策体制的三个发展阶段，并提出各个企业要根据自身的决策环境、决策类型选择并设计适合本企业的决策系统。

2012 年，钱晨在《民营企业决策系统设计优化及其案例分析》一文中，针对民营企业中的劳资关系科学地设计了一套企业决策系统。

2013 年，刘慧、陈晓华和吴应宇在《基于异质性视角的中国企业创新决策系统研究》一文中，在企业异质性理论的基础上，构建了一个包含沉没成本的企业动态创新决策系统的理论分析框架，得出了不同性质企业的决策系统特征；项金玲在《模糊最优化视角下的企业决策管理最优化研究》一文中，构建了模糊最优化决策模型，并通过对该模型的深入论证，提出了企业决策管理的具体路径与方式，为企业的决策管理提供了一条可行之路。

（三）运行绩效评价

1997 年，国家统计局会同国家计划委员会（现名国家发展和改革委员会）、国家经济贸易委员会在报告《企业效绩评价工作指南》中，针对工业经济效益进行分析，提出了工业经济效益评价体系的评价指标，即流动资产周转率、资产负债率、资本保值增值率、总资产贡献率、全员劳动生产率、产品销售率以及成本费用利润率七项指标。

2000 年，徐晓伟、张军在《我国企业绩效非财务评价指标体系的构建》一文中构建了企业绩效评价的非财务指标体系，该指标体系构建内部环境（企业素质）、外部环境、竞争战略以及发展前景四个层面，并利用德尔菲方法确定各指标的权重。

2001 年，曾祥云在《基于供应链管理理论的企业绩效评价》一文中，基于供应链管理理论提出了一种新型的企业绩效评价方法。

财政部等四部委于 2002 年颁布了《国有资本金绩效评价规则》，以条文的形式明确规定了国有资本相关绩效的评价方法。

2002 年，徐国祥在《我国上市公司财务状况的非线性主成分分析研究》一文中，建立了针对上市公式的绩效评价指标体系，该评价体系对于上市公司的绩效评价具有一定的特异性，主要包括偿债能力、营利能力、主营业务状况、成长能力、资产管理能力以及股本扩张能力六个方面；王光杰在《高新技术企业绩效评价与平衡记分卡》一文中，针对高新技术企业形成了一套完整的高新技术企业绩效评价体系，该绩效评价体系主要包括内部业务流程、顾客、财务以及学习与成长四个方面，并在每一方面都提出了一组明确的指标进行度量;宋小敏、杨青等人在《高新技术企业综合评价研究》一文中,结合主观赋值模糊标度和客观赋权优化两种方法,提出了一种新的赋权综合评价法,构建了绩效评价模型。

2003 年,袁健红和吴丽华在《影响高新技术企业绩效的因素分析》一文中,针对高新技术企业进行了指标体系构建及指标影响程度分析。该文中提出了绩效评价的五种指标,分别是财务资源、创业倾向、外向性程度、技术能力、境内支持,且此五种指标对于不同类型的高新技术企业绩效作用效果不同。其中,境内支持及技术能力对于大型高新技术企业的作用不明显,创业倾向对于中型高新技术企业的作用不明显,外向性程度对于小型高新企业的作用不明显。

2004 年,姚梅芳,郑雪冬等在《基于 Kaplan-Norton BSC 法的高科技网络及软件创业企业绩效评价体系研究》一文中,基于 BSC 理论设计了一套高新技术网络以及软件创业企业绩效评价体系,并提供了可操作的管理工具。

2006 年,姚正海在《基于 BSC 的高技术企业经营业绩评价指标体系研究》一文中提出了一套评价指标体系,该指标体系包括智力成本开发、价值链流程、成长性、财务以及产品与技术创新五个维度。

2009 年,温素彬、黄浩岚在《利益相关者价值取向的企业绩效评价》一文中,以绩效三棱镜为理论基础,以利益相关者价值取向为取向设计了企业基业长青的指导图,总结归纳了我国企业在实施绩效评价时有待提高的不足之处;姚铮、金列在《多元化动机影响企业财务绩效机理研究》一文中,分析出了企业产业选择以及多元化动机之间存在着一定的关系,多元化动机通过产业选择向财务绩效传导。

2010 年,温素彬在《企业三重绩效的居次变权综合评价模型》一文中,提出了企业三重绩效共生模式,构建了企业三重绩效的矩阵式指标体系,利用企业三重绩效的层次变权综合评价模型,激励企业生态绩效以及社会绩效;卿放、干悦之在《企业绩效评价方法研究:回顾与展望》一文中,对我国已有企业绩效评价方法进行了综述性分析,认为我国现有方法在实务和学术进展方向已有一定的发展,但是对于企业进行评价仍然还存在一定的难题,必须对传统绩效评价方法予以补充和创新以提出新型的绩效评价模型。

2011 年,吴正杰、宋献忠在《企业绩效测评标准选择》一文中,基于组织学习理论提出了多环绩效测评准则,该准则提出的原则包括系统性、动态性、认知性以及近似性。

三、国内外研究现状评述

通过对国内外学术界在海装企业项目管理、决策系统、运行绩效等方面的研究现状的分析,我们可以得出以下评述结论:

(1)项目管理理论在国内外的研究均较为成熟,有比较系统的研究体系以及较多的传统行业领域实践可以作为参考。海装制造业是随着海洋资源的开发利用热潮而在近年来才受到广泛关注的新兴产业,具有不同于其他企业的特异性,因而针对海装项目管理虽然有一定理论上的研究以及实践上的应用,但相对而言,成果不多且不够全面,远远满足不了海装制造企业项目管理方向的巨大需求,亟须对其展开深入研究。

(2)项目决策系统是针对项目管理中的重要问题进行决策的科学体系,可以看作是决策理论与现代项目管理理论的交叉学科。决策科学性、有效性问题是任何企业、任何项目都需要面临的重要问题,决策是否合理将严重影响到企业、项目的管理效率与管理收益,因而受到了专家、学者广泛的关注与研究。现有海装项目中虽然存在决策制定、决策执行的体系,但缺乏系统的分析整理与归纳应用,往往无法发挥最大的效用。目前,海装制造企业中的项目决策系统的理论匮乏问题,亟须加大研究力度及经费支持,以提高海装企业项目决策的科学性。

(3)运行绩效是评价系统能否有效运行的重要指标。从已有文献中可以看出,对于企业运行绩效的研究已经形成了一定的科学体系,并存在经过理论实践验证的科学有效的评价方法。本书中,即要针对海装制造企业项目决策系统进行运行绩效的分析及评价,这些已有的成果对我们的研究工作有极大的借鉴意义。

综上所述,国内外在项目管理、决策系统、运行绩效评价三个方面均有较为成熟的科学研究,这都为本书海装制造企业项目决策系统的研究奠定了良好的基础。本书将结合海装的实际情况以及海装制造企业项目决策的相关需求与应用,充分结合国内外相关的研究结论,对我国海装企业项目决策系统及其运行绩效评价进行深入系统的研究,以期为我国海装制造企业项目决策提供借鉴。

第三节 总体思路和内容框架

本书的总体思路是:面向当前我国海装制造企业,针对企业进行项目管理过程中决策的科学性问题,对我国海装制造企业项目决策系统进行分析,结合海装制造企业项目的特点,分析海装制造企业项目决策系统的构成,并构建我国海装制造企业项目决策系统模型,运用 ANP-FCE-DEMATEL 综合评价方法构建对海装制造企业项目决策系统的评价模型,给出实证分析,提出海装制造企业项目决策系统的保障措施。本书的研究思路及内容框架如图 1 – 1 所示。

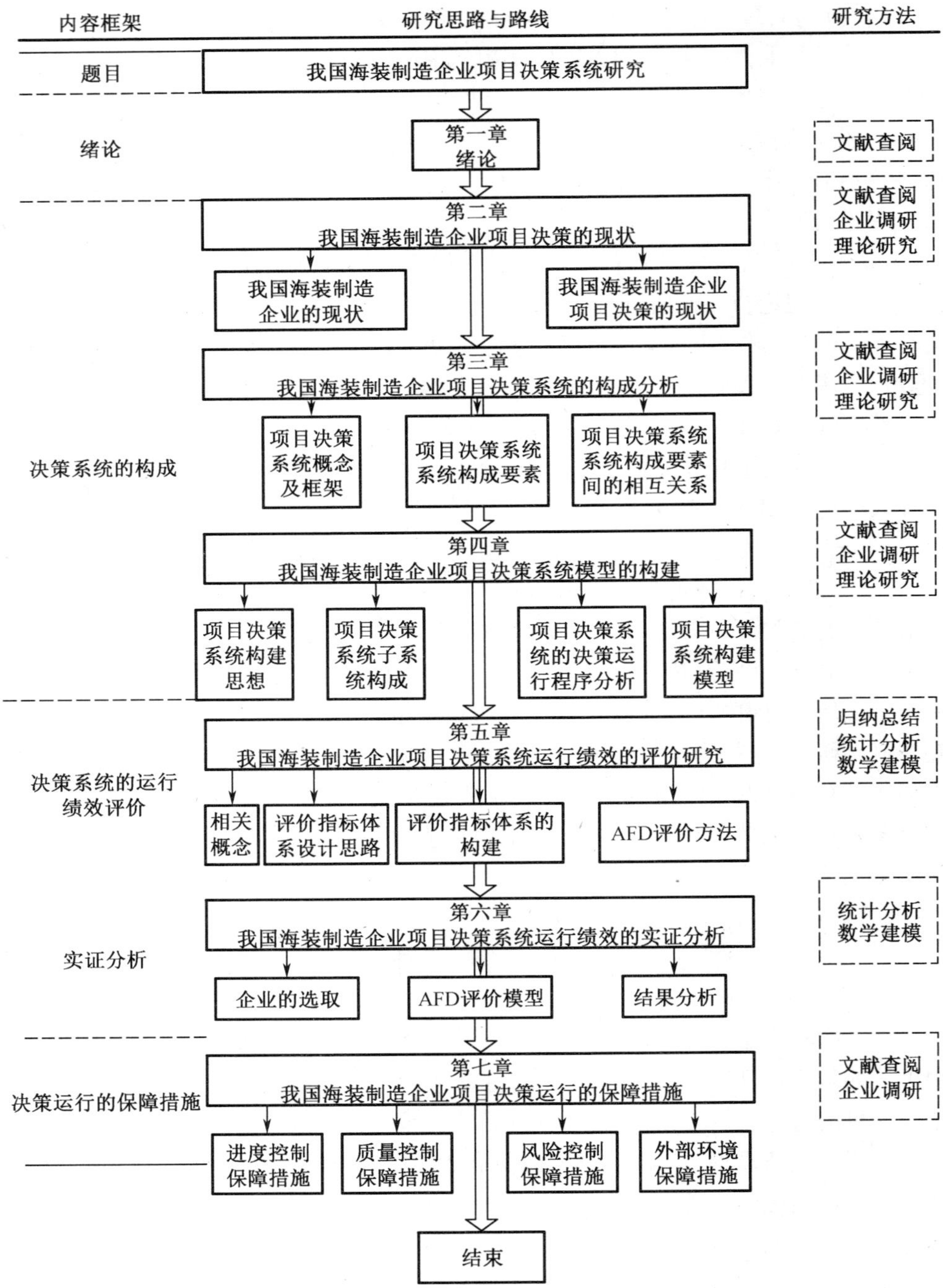

图 1－1　本书研究思路及内容框架图

第四节 研究方法

一、文献调研方法

本书撰写过程中，作者查阅并参考了大量国内外相关文献，主要从企业项目管理、决策理论、运行绩效等方面对文献及资料进行了分析、比较归纳与总结，并从整体上理顺了理论脉络。相关文献的调研不仅为本书的题材选择与文章撰写奠定了坚实的基础，文献中相关的理论依据与方法应用也为本书的理论研究的科学性提供了保证。

二、实地调研方法

除借鉴大量学术资料外，本书作者深入海装制造企业实地考察，对海装制造企业项目管理、决策需求、决策系统设计以及决策系统运行绩效的指标体系及实际数据等进行了调研并整理归纳。实地调研不仅为海装制造企业决策系统研究提供了一手的材料与数据，也为海装制造企业项目决策系统运行绩效的评价打下了基础。

三、归纳与演绎相结合

本书撰写过程中，无论是在文献调研环节还是在实地调研环节，都采用多重逻辑分析的方法，如 SWOT 分析、波特价值链、系统论、扎根理论归纳等，来进行数据的分析与现象的归纳整理，继而完成理论创新、提炼出本书的理论观点。同时，作者按照理论研究的整体逻辑体系，不断充实内容，环环相扣，形成本书完善的理论体系。

四、解释结构模型

本书运用解释结构模型（Interpretive Structure Modeling，ISM）对我国海装制造企业项目决策系统的构成要素进行关系分析，了解要素间的相互关系。

五、ANP-FCE-DEMATEL 综合评价法

本书将 ANP（Analysis Network Process，网络层次分析法），FCE（Fuzzy Comprehensive Evaluation，模糊综合评价法）和 DEMATEl（Decision Making Trial and Evaluation Laboratory，决策试验与平价实验法）三种方法进行结合，构建 ANP-FCE-DEMATEL 综合评价模型，对我国海装制造企业决策系统的运行绩效进行评价。

六、实证检验法

在对海装制造企业项目决策系统进行研究时，本书选取 YRO 公司较为成熟的

“自升式钻井平台项目”，通过实际指标数据的获取与处理，采用 AFD 方法对企业项目决策系统的运行绩效进行实证检验。

第五节 创新之处

(1)分析我国海装制造企业决策系统的构成要素并运用解释结构模型分析其要素间的关系。

(2)构建我国海装制造企业项目决策系统。分析我国海装制造企业决策系统的构成原理、逻辑体系及支持体系，研究决策制定、决策支持、决策执行、决策监督和决策评价五个子系统的构成模块，基于构成要素及子系统构建我国海装制造企业项目决策系统。

(3)构建海装制造企业项目决策系统的运行绩效评价指标体系，提出 ANP-FCE-DEMATEL 综合评价方法，构建 ANP-FCE-DEMATEL 评价模型，通过实地调研的方式，对我国海装制造企业项目决策系统的运行绩效评价进行实证分析。

(4)提出海装项目决策系统在进度控制方面的设计方案，根据海装制造企业项目的业务流程、结构功能、数据库设计等方面的内容设计海装制造企业进度监控系统。

第二章　我国海装制造企业项目决策的现状

第一节　我国海装制造企业的现状

一、海洋工程装备概述

（一）海洋工程的概念

海洋工程是指为达到开发、利用、保护、恢复海洋中资源的目的，并且工程主体位于海岸线向海一侧的新建、改建、扩建工程。

海洋工程按照技术种类可分为：海上、海底建筑设施建设技术，包括港口、海洋平台、海岸及海底建筑等技术；海洋资源开发及其附属工程技术，包括矿产资源的勘测、开采、储运技术，海洋生物的养殖、捕捞技术；海水资源与能源利用工程，包括淡化、提炼、潮汐、温差、波力等；海洋探测装备技术，包括海洋各种科学数据的采集、结果分析，各种海况下的救助、潜水技术；海洋运载器工程技术，包括水面海洋工程装备、半潜平台、潜器、水下工作站、采油装置、军用设施等设备技术。

海洋工程前身是海岸开发、沿海服务的海岸工程。早在公元前1000年，地中海沿岸国家就已开始航海和筑港；中国在东汉时期（公元25年—220年）开始在东南沿海修建海岸防护工程；中世纪初期，荷兰就开始修建海堤，进而围垦海涂、与海争地。至20世纪50年代，“海岸工程”一词首度被提出，随着海洋动力学、海岸地貌学、海洋水文学以及其他相关学科的开创和发展，海岸工程学内容不断丰富，形成了一门系统的技术学科。

从20世纪下半叶开始，全球范围内人口数量激增、经济迅速膨胀，对各种资源的需求量也急剧增加，随着对大陆架海域的天然气、石油等能源的开采，以及海洋空间利用规模的不断扩大，与之配套的近海工程已成为近年来需求量提升较大、发展最为迅速的工程之一。多种海洋平台的出现使海洋作业范围由水深几米的海域扩展到水深几百米的大陆架海域。海底采矿由近岸浅海向较深海域推进，现有技术已经可以在水深1 000 m左右的区域钻井采油，在水深几千米的大洋底部进行钻探、采集锰结核。同时，海洋潜水技术发展迅速，载人潜器的下潜深度可达万米以上，蛙人、海洋机器人的潜水作业能力亦不容小觑。现有的面向海洋的技术已经远远超出海岸工程的范围，其中涉及的工程技术与基础科学也超出了传统的海岸工程学的范畴，大陆架水域的近海工程与深海水域的深海工程以及原有的海岸工程一起形成了新型的海洋工程学。

（二）海洋工程装备的概念

海洋工程装备是人类在各种海洋活动（如海洋资源勘测、开发，海洋能源管理、利用，海洋环境保护等）中所使用的装备的总称。

海洋工程装备本质上体现了海洋工程和工程装备两个领域的交叉结合。海洋工程装备的应用环境是海洋，系统形式是工程，执行单位是装备。传统工程装备在陆地上已经获得了广泛的应用，并且技术成熟。而正是由于工作环境的不同，目标智能的不同，性能参数的不同，才使得海洋上的工程装备要求更高。

海洋工程装备种类繁多，但是，由于海洋油气开采相关装备目前应用较为广泛，经济体量大，战略意义强，所以，本书中的海洋工程装备主要指我国深海资源勘探、开采、加工、储运、管理、后勤服务等方面的大型工程装备和辅助装备，这也是我国"十二五"规划等政府文件中所指的海洋工程装备。

（三）海洋工程装备的分类

海洋工程装备包括海洋油气资源开发装备、其他海洋资源开发装备和海洋浮体结构物。其中，海洋油气资源开发装备是海洋工程装备的主体，其类型主要有海洋钻井平台、浮式生产储油船、卸油船、起重船、铺管船、潜水作业船等，如图2－1所示。

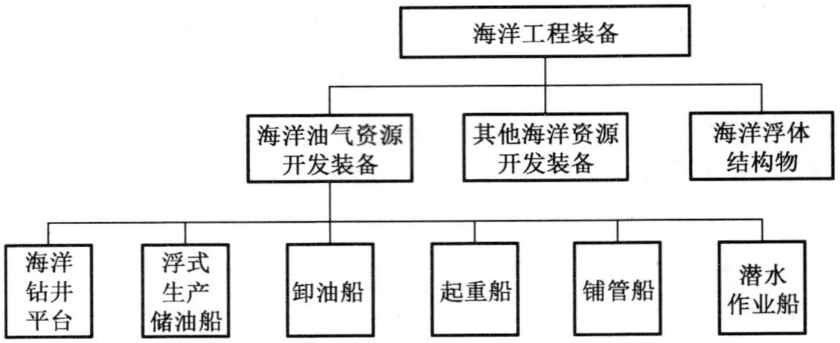

图2－1　海洋工程装备分类

（四）海洋工程装备的特征

海洋工程装备属于高端装备的一种，它位于传统制造产品与高新科技产品的交叉位置。它作为传统装备制造的分支，属于传统制造产品的发展与延续，同时又有其跨学科、知识密集的特点，而区别于一般的加工制造业。其在装备特点上既有与传统制造产品相同的地方，同时也有它独自的特点。

1. 种类繁多

海洋工程装备种类繁多，是涉及人类开发、利用和保护海洋活动中使用的各类装备的总称。

（1）按海洋资源的分类进行划分

从海洋资源的分类来看，海洋工程装备可以分为五大类：

①海洋矿产资源的开发及利用装备；

②海洋可再生能源的开发及利用装备；

③海洋化学资源的开发及利用装备；

④海洋生物资源的开发及利用装备；

⑤海洋空间资源的开发及利用装备。

（2）按海洋工程的系统进行划分

按照海洋工程的系统分类，海洋工程装备可以分为三大类：

①海岸工程装备；

②近海工程装备；

③深海工程装备。

海洋工程装备既包括传统产业装备，如海洋旅游资源开发中的游轮、海洋勘测中应用机器人、大规模集成电路等，也包括高新技术产业、新兴产业等。

2. 按订单设计、单件生产

海洋工程装备的造价极为昂贵，从每年海洋工程装备的订单成交金额上便可看出，海洋工程装备在海洋资源开发利用活动中发挥核心关键作用，甚至关系到一国的能源安全。海洋工程装备制造通常以销定产，采取单件生产的方式。其制造产品零部件多、工程更改多、约束限制多的特点，使得海装制造企业不能像普通制造企业那样采用样机试制的方式，必须是特定的产品。

3. 生产周期长

海洋工程装备为大型成套设备，生产工艺非常复杂，如船体分道作业，钢板、型材切割，加工，部件装配，平面分段，曲面分段，总段组合等，需要长时间的生产与加工组合。同时，一些必须进口的外购件采购周期也很长。一般说来，海洋工程装备的生产周期需 1 ~2 年。

4. 技术含量高

信息技术、软件技术和先进制造技术在海洋工程装备中普遍应用，提高了海洋工程装备的技术含量，如深海设施动力响应及强度分析技术、柔性构件的动力特性分析技术以及深水浮式结构物恶劣海况下安全性评估技术等这些海洋工程装备的专属性关键技术。

二、我国海装制造企业的现状分析

SWOT分析始创于20世纪80年代，根据企业内部既定的条件并结合企业外部环境，进行客观、准确的分析和研究，找出组织的优势（Strengths）、劣势（Weaknesses）、机会（Opportunities）及威胁（Threats）四个方面的情况，并从发挥优势、利用机遇、克服劣势、回避危机等几个方向，寻找到符合实际情况的经营策略和发展战略。它以简单实用、客观准确的特点在国内外得到了广泛的应用。

（一）优势分析

1. 海洋资源丰富

随着人口急剧膨胀、陆地资源日渐枯竭，世界各国已逐渐将目光锁定海洋。探索海洋并合理利用海洋资源，是人类工业化、产业化的标志，也是解决能源紧缺，实现可持续性发展的战略选择。

海洋中蕴藏着丰富的油气、生物、金属矿产等资源，其衍生的相关产业包括滨海旅游业、海洋交通运输业、海洋工程建筑业、海洋化工业等。而海洋工程装备是海洋相关产业发展的基本保障，离开了海装制造业的支撑作用，海洋产业的发展将举步维艰。以海洋油气开发为例，整个开发过程需经历勘测开发、生产、运输、后勤补给等若干阶段，在不同阶段需要不同的海洋工程装备进行配合，如勘测开发阶段需要工程勘察船、钻井平台等，生产阶段需要生产平台、浮式生产储卸装置，运输阶段需要运载船，整个过程都需要作业支持船、后勤补给船的协同配合。可以说，海洋经济高速增长依赖着各种功能性海洋工程装备的开发使用，我国丰富的海洋资源为我国海洋装备发展提供了极大的动力和潜力。

从2012年全球海装制造业的格局来看，除欧美外，韩国、新加坡仍占据领先地位，巴西凭借其海域内的油气资源优势异军突起，与中国的订单总额几乎持平。由此可以看出，丰富的海洋油气资源也将为海装的快速发展提供帮助。

2. 海装制造企业起步较早，初具规模

早在20世纪60年代，我国海装制造企业已经起步，通过近50年的发展，我国海洋工程装备经历了从无到有、从小型到大型、从近海到远海、从仅适应良好海况到不畏惧恶劣海况的过程。我国海装制造企业已经初具规模。

20世纪60年代到20世纪90年代，我国自主设计了包括自升式钻井平台、双体浮式钻井船、半潜式钻井平台等多种装备；20世纪90年代初，海装制造业受到了国际石油危机的影响，导致发展步伐缓慢，设计水平严重滞后；21世纪以来，随着国内外海洋工程装备需求日益增加，我国海装制造业也受到了极大的推动作用。

近几年来，我国海装制造业发展势头迅猛，尤其在海洋油气开发方面，已经具备了坚实的发展基础，在长三角、珠三角、环渤海地区形成了有一定产业聚集度的商业集群，在中国船舶工业集团公司（简称中船工业）和中国船舶重工集团公司（简称中舶重工）的带领下，我国海洋工程装备制造及其配套装备制造领域已经涌现出一批具备研发、生产能力的企业。目前，我国在浅海油气装备和深海装备方面都取得了可喜的进步，基本实现了浅海装备自主研发与设计，并且在部分海洋工程船舶方面初步具备了品牌优势。在2006年以后，国内一批新企业抓住机遇、初露锋芒，与一些传统优势企业形成群雄并起的局面，共同进军国际市场。据统计，2012年全球海洋工程装备市场延续了2011年、2010年两年的繁荣景象，市场热度持续升温，海洋装备成交量继续处于历史高点，而我国订单成交额约为80亿美元，占据超过10%的市场份额，呈现良好的发展态势。值得一提的是，我国在FPSO方面具有一定的优势，1989年至今，我国设计建造的FPSO数量逐年增加，已成为世界上建造FPSO最多的国家之一。

3. 劳动力成本保持低廉，劳动效率持续提高

改革开放以来，随着市场经济的不断发展，我国制造业劳动力成本不断上升。根据Kremer和Chert，以及Croix和Doepke的观点，以发达国家经济发展为主要研究对象，在人口和经济增长的同时，政府必须采取一定的措施，如提高劳动密集型行业员工工资、降低低收入群体接受教育的成本或者提高低收入群体人力资本投资的回报率等手段，提高本国劳动力成本，变单一的劳动力输出为产业输出。Anthony Atldnson也根据1970年以来一些工业化国家居民家庭收入基尼系数的变化，分析了劳动力成本与国家经济发展的正相关关系。

在我国劳动力成本提高的同时，我们必须看到，相对于发达国家而言，中国的劳动力薪资水平仍然相对较低。据估算，按市场汇率折算，中国劳动力的薪资仍不及美、日等发达经济体的1/5。相对于新加坡、韩国这些与我国海洋工程装备制造技术差距并不大的国家而言，中国劳动力薪资水平也与其相差悬殊。同时，随着我国经济的快速发展，我国海装制造企业的基础建设、配套设施日益完善，相关领域的研究更加充分，产学研转化率大大提高，组织管理更加科学高效，带来了我国劳动生产率的大幅度提升，据世界银行的报告，中国2011年的劳动生产率是1980年的8倍。相对于印度等国，我国的薪资水平是它们的3~4倍，但与这些国家相比，我国海装制造企业的优势更多地体现在基础设施完善、相关产业匹配带来的更高的劳动生产率。

就目前而言，中国依然保持着在劳动力成本方面的优势。在海装制造企业的生产过程中，我国更低的劳动力薪资可以直接转化为明显的成本优势。另一方面，虽然有些国家的劳动力成本明显低于中国，但受到这些国家生产技术落后、产业发展滞后、基础设施薄弱等制约因素的限制，海洋工程装备订单无法向它们转移。

（二）劣势分析

1. 欧美国家技术垄断

在海洋工程装备制造领域，欧美等国企业牢牢把持着高端、高附加值产品的技术垄断地位，并逐步让出利润率小、竞争激烈的中低端市场，同时由于其在总装项目上的绝对优势，中国、韩国、新加坡等国企业仅处于其全球战略中的低成本供应的环节。与欧美等国相比，我国海装制造业仍被锁定在全球产业链的中低端，其反映出来的低技术性、低竞争力、低附加值等短板必须要加以重视。

目前，我国大部分海装制造企业仅具备自主设计浅海装备的能力，深海装备仅仅处于船壳建造的阶段，大部分企业缺乏研发、设计、总装总包能力。海洋工程装备对技术实力要求较高，而我国目前自主创新方面能力还相对薄弱，大部分技术还是依靠国外技术的引进，亟须拥有自主知识产权的相应技术。

面对国外的技术封锁，我国缺乏核心技术及知识产权的事实，使我国海装制造企业在进一步发展中存在着较大的隐患，提高我国企业高端装备的研发、设计、制造能力，改变现在一片空白的现状迫在眉睫。

2. 产业结构不合理

近年来，国内很多造船企业借由海洋工程装备实现产业升级，试图分一杯羹，抢占海洋工程装备制造领域的先机。然而，在看到海洋工程装备制造高利润的同时，必须看到海装制造业其自身高风险、高投入的特点，产业的近阶段需要完善的研发机制、完备的基础设施、丰富的建造经验以及充足的资金保障。这种产业发展必需的高要求，大大提高了海装制造业的准入门槛，限制了企业从低端向高端的跨越。

现阶段，受到技术、人才等因素的制约，国内海洋工程装备企业主要业务堆积在价值链低端，扎堆于准入门槛较低的浅海装备制造，出现竞争领域严重重叠、产品供求结构不均衡、低端产品产能过剩、高端产品几乎为零的尴尬局面。

3. 配套装备发展滞后

海洋工程装备配套装备具有规格种类多、技术要求高、研制难度大的特点，往往对材料、精度、寿命、可靠性等方面具有严格的要求。我国的海洋工程配套装备生产能力较弱，本土化程度低，大部分装备需要从国外采购，缺乏自主研发能力。海洋工程装备制造领域大部分的造价集中在各种配套装备，船体部分的造价仅为整套装备总造价的 1/5 左右，利润率过低。同时，尽管我国在低端配套装备方面占有一定市场，但核心技术缺乏，高附加值产品的知识产权被国外供应商垄断，导致整体获利不高。由此分析，如果不能保证海洋工程配套装备与海洋工程装备的同步发展，等于将绝大部分利润拱手让人，这也是中国海装制造企业进军国际市场的障碍之一。

(三)机遇分析

1. 世界各国掀起"海洋热"

联合国早在21世纪之初即提出了"21世纪是海洋的世纪"的观点。如今世界各国大力发展海洋强国战略。美国作为世界头号海洋强国,其海洋相关产业的经济效益占其GDP(国内生产总值)总量的1/2,解决就业人数占总就业人数的3/4左右。欧盟国家作为传统的海洋强国,其海洋相关产业的经济效益占其GDP总量的2/5,且欧盟高达90%的贸易商业活动与海洋相关,离不开海洋装备的有力支撑。

2004年以来,美国、欧盟、日本、加拿大、韩国等纷纷加紧调整原有海洋战略或制定新的海洋政策,试图在新一轮海上国际竞争中赢得先机。我国作为世界海洋大国,近年来已经将"建设海洋强国"上升为我国的战略目标,同时不断加大对海装制造企业的扶植力度以支撑国家在全球性海洋竞争中的需要。

2. 第三次产业革命带来新契机

后金融危机时代开启了全球新一轮的产业变革,各主要经济体逐渐意识到新兴产业领域将成为各国竞争的主要战场。受金融危机影响,欧美等发达国家着手推行"再工业化"政策,试图打破"产业空洞化"带来的巨大危害,并以此开展了以信息化、智能化、能源生态化、材料新型化为特征,涉及信息、能源、生物、空间、海洋等诸多领域的第三次工业革命。

受此影响,全球制造业开始逐步向高端化转型,产业布局也开始进行深层次的调整,并不断向有利于发达国家的方向倾斜。第三次工业革命方兴未艾,虽然在新兴产业涉及的若干全新领域我国与发达国家仍存在一些实质性的差距,但必须看到随着国家的重视、中国企业的不断发展,相关产业上的差距已逐步缩小。中国制造业必须认真对待第三次工业革命,借此机遇进一步缩小与发达国家之间的差距,打破现有"欧美设计,亚洲制造"的局面,在产业新格局中占领一席之地。

3. 旺盛的国际油气需求

能源是人类经济永恒的主题,石油、天然气作为传统能源,在未来很长时间内仍将占据主导地位,随着陆地油气资源的日渐枯竭,海洋将成为下一个经济的摇篮。旺盛的能源需求必将刺激海装制造业的高速发展。据统计,自2007年以来,新发现的油田中超过2/3来源于海底,更多油气资源来自海洋,预示着海洋工程装备制造将迎来空前的机遇。

石油、天然气是重要的战略储备能源,我国目前仍处于经济飞速发展的时期,对油气的需求将持续增长。当前我国的能源消费结构中,能源需求不断增高,2012年我国原油进口高达2.85亿吨,消费总量近6成依赖进口。据IEA(International Energy Agency,国际能源署)预测,2030年我国石油消费总量将有8成依赖进口。

寻找新的石油增长区间，摆脱我国能源命脉不能自主的命运，将成为我国进一步发展需要解决的问题之一。从长远来看，虽然我国海洋油气探明率远低于世界平均水平，但必须看到我国海洋油气后备资源充足，其有很大潜力接替陆地资源成为国家能源供应的主要来源。

我国海装制造企业以海洋油气资源的开采为主营业务项目，海装制造企业的发展有利于缓解我国油气资源受制于人的尴尬局面。

4. 国家政策大力扶持

海洋工程装备制造企业的实力代表了我国在海洋资源掌控上的巨大利益，对于海洋资源的开发利用已经提升到了国家战略的层面。自 2009 年起，我国针对海装制造企业的发展出台了多项相关政策。

2009 年，我国政府首次明确提出战略性新兴产业概念，要求逐步使战略性新兴产业成为经济社会发展的主导力量。2010 年，国务院进一步明确了战略性新兴产业的七大重点领域，并将海装制造业列为高端装备制造业的一个重点领域。“十二五”期间，国务院出台了《“十二五”国家战略性新兴产业发展规划》。2011 年 8 月，国家发展和改革委员会等四部委联合发布《关于印发海洋工程装备产业创新发展战略(2011—2020)的通知》，作为发展规划的补充，明确指出海洋工程装备制造产业是开发利用海洋资源的物质技术基础，是我国当前需要加快培育的战略性新兴产业。2012 年 2 月，根据国务院《关于加快培育和发展战略性新兴产业的决定》《战略性新兴产业“十二五”发展规划》《高端装备制造业“十二五”》提出了《海装制造业中长期发展规划》。该规划提出将大幅提升海装制造业的创新能力、产业规模和综合竞争力，形成较为完备的产业体系、较大规模的产业集群，显著提升国际竞争力，使我国成为世界海洋工程装备制造强国。2013 年 7 月 30 日，习近平总书记在中共中央政治局第 8 次集体学习中，再次强调了建设海洋强国的重要意义，并提出要认真贯彻落实“十八大”作出的建设海洋强国的重要部署，进一步关心海洋、认识海洋、经营海洋，推动我国海洋强国建设不断取得新成就。

国家的扶持除以上政策上的规划、战略化的导向外，还包含：划拨专项科研经费、建立研发中心等方式增强我国海洋工程装备制造的技术实力；放宽贷款政策、施行普惠性税收和财政措施等金融手段来减轻企业负担；规定国内海洋开发项目的国产化率，帮助国内企业进一步扩大市场份额。综上分析，我国政策不仅为海洋工程装备制造企业的发展指明了方向，同时也从技术、资金和市场三个方面对海装制造企业的发展进行扶植。

(四)挑战分析

1. 法律体系不完善

我国海装制造业自新世纪以来虽然取得了长足的进步，但立法进程缓慢，难以跟上产业发展的步伐，尚没有全面明确的法律体系给予保障。

虽然我国海装制造业相关法律法规不断出台，对相关产业起到了一定的保障作用，但目前来看，我国相关的法律法规主要以地方政府的规章为主，没有相关高级别明确的法案得以批准执行。2011 年，工业和信息化部起草的《"十二五"高端装备制造业产业发展规划》中提到，"十二五"期间，将借鉴国外先进经验，研究制定《装备制造业振兴法》。然而该项法案仍在酝酿之中，截至 2013 年底，该法案尚未出台。

海装制造业涉及的法律类别众多，除常规立法外还涉及技术规范、知识产权、国际公约等，仅通过政策、规章、地方性法令加以调整，在全国范围内缺乏统一性、可操作性，将会对海洋工程装备的发展产生影响。

2. 国际竞争激烈

近年来，依托本国海洋油气资源的开发需求，俄罗斯、巴西等国开始着力培育本国的海装制造企业，成为海洋工程装备领域的后起之秀，使我国在低端海洋工程装备制造领域受到了多国竞争带来的冲击。此外，一些沿海国家出台的贸易保护政策，也对我国海装制造业订单的数量造成影响。受 2008 年经济危机的影响，国际造船业受到了巨大打击。据测算，造船业平均仅能获得 10% 的利润，而海装制造业的利润率可达 30%，这导致造船业大规模地进军海装制造业，加剧了市场竞争。

国际海装制造业的产业格局变换，制造业向发展国家迁移，带来了更多的订单；同时，海洋资源的开发热潮、造船业的升级转型，都使我国相关产业面临着巨大的竞争危机。在此种形势之下，我国海装制造业必须提高综合创新能力，加快追赶先进国家的步伐，同时打造具有国际影响力的品牌企业，增强我国海装制造企业的核心竞争力，增加市场份额，赢得国际市场日益激烈的竞争。

3. 金融环境不稳定

2008 年金融危机爆发，对海洋工程装备市场造成了极大的冲击。金融的衰退直接导致了各大企业融资困难，大型海洋工程项目暂停或延缓，促使产业竞争愈发激烈。虽然 2010 年世界金融局势缓和，海装制造产业快速复苏，并一度达到了史上最高点，但从 2008 年的情况来看，海装制造业对金融局势的变换极其敏感。分析现今国际金融环境，各大经济体的金融市场波动频繁，种种不稳定因素表明国际海装制造业的发展仍面临着一些不确定的因素。

综合以上分析，对于我国海装制造企业的 SWOT 分析模型如图 2－2 所示。

优势(S)	劣势(W)
1.海洋资源丰富 2.起步较早，初具规模 3.劳动力综合优势	1.发达国家技术垄断 2.产业结构不合理 3.配套装备发展滞后
机遇(O)	**劣势(T)**
1.世界各国掀起“海洋热” 2.第三次产业革命带来新契机 3.旺盛的国际油气需求 4.国家政策大力扶持	1.法律体系不完善 2.国际竞争激烈 3.金融环境不稳定

图 2-2　我国海装制造企业 SWOT 分析模型

第二节　我国海装制造企业项目决策的现状分析

一、我国海装制造企业项目决策的概念

（一）项目

目前学术界对于“项目”还没有明确的定义，但在不同的行业、不同的机构中根据具体研究对象，对项目都有着自己的表述。

美国的项目管理权威机构 PMI 对项目的解释是：“项目是为完成某一独特的产品或者独特的服务，所需要做的一次性努力”。

ISO 10006 对项目的定义为：“具有独特的工程，有开始和结束日期，由一系列项目协调和受控的活动组成。其过程的实施是为了达到规定的目标，包括满足时间、费用和资源等约束条件。”

根据上述定义，在本书中，项目的定义为：一类具有特定属性，在一定时间范围内和资源条件下，为完成特定的目标，有组织地进行一系列非重复性工作程序。

（二）决策

决策（Decision Making）出现的历史源远流长，出现在政治、文化、军事、经济等诸多领域，是人类固有的行为之一。学术界统一认为，现代决策理论的萌芽出现于美国学者杜威在 1910 年出版的著作《如何思考》一书中；美国学者巴纳德在 1938 年出版的著作《经理人员的职能》中将决策概念引入了管理理论中；较为系统的现代管理决策理论始于 20 世纪中叶，由美国学者西蒙、马奇等综合了运筹学、计算机科学、系统科学等多个学科的成果糅合而成；20 世纪 60 年代，以赫伯特 · A. 西蒙为首的决策学派的出现，正式将决策理论广泛运用在管理学界。此后，决策理论已经扩展应用到经济科学、领导科学、行为科学以及运筹学等相关研究领域。

对于决策的概念，众说纷纭，莫衷一是。美国管理学家西蒙认为“管理即决策”，与《辞海》中决策的定义“人们在改造世界过程中，寻求并决定某种最优化目标即选择最佳的目标和行动方案而进行的活动”相一致。

基于以上观点，在本书中将决策视为一种“动态的”“跨时间段的”活动过程。决策是为了达到某种特定目标，利用一切信息，拟订多个方案并最终确定的过程。

(三)项目决策

项目决策是针对项目进展过程中遇到的问题，进行方案设计、选择与实施的动态过程。在项目决策中，需要对决策问题的具体情况进行分析，选择令人满意的方案。

(四)海装制造企业项目决策

海装制造企业项目决策，是针对海装制造企业具有项目化管理模式的特殊性，对在项目进展过程中遇到的问题进行方案设计、选择与实施的动态过程。在项目决策中，需要对决策问题的具体情况进行分析，选择令人满意的方案。

二、我国海装制造企业项目决策的现状及存在的问题

(一)我国海装制造企业项目决策的现状

国家发展和改革委员会、科学技术部、工业和信息化部和国家能源局四部委局发布的《海洋工程装备创新发展战略(2011—2020)》，为我国海装制造业的发展提供了广阔的发展空间和良好的发展平台。有研究员表示，该战略的出台将会给我国的海装制造企业带来大量的机遇，但同时也存在许多挑战。比如说，能源需求范围的扩大将带动全球海洋工程装备市场规模的进一步扩大，同时国内海洋工程装备市场政策及需求规模的进一步放开也将促进国际海装制造业进一步向亚洲市场转移，这些都将为我国海装制造企业的发展提供广阔的发展空间。但与此同时，我国当前的海装制造业的发展仍存在一系列的问题。产业的发展需要龙头企业的带动、需要产业链条内所有企业的实力普遍增强。而当前海装制造企业的项目决策在企业的管理活动中占据着重要的地位，项目决策的结果将直接影响企业的进一步发展。因此，我国海装制造企业管理能力成为提升企业实力、解决产业问题的关键点。本书中，将海装制造企业决策的全部流程与运行看作一个系统性工程，统称为海装制造企业项目决策系统。

从现有的海装制造企业项目决策来看，大部分企业的项目决策主要遵循以下步骤。

第一步：根据海洋工程装备市场行情以及订单需求进行海装项目的立项与可行性分析，确定合同内容及技术细节。这一阶段主要进行项目可行性的决策制定，项目决策者往往要考虑市场需求、资金筹措能力、生产工艺和主要设备能力以及生

产规模与相关行业的匹配等因素。最终战略层面的立项决策由海装制造企业决策层根据当前项目方案的损益和风险的具体情况来确定,一旦确定立项,随即成立具体项目小组,进行接订单、技术及商务谈判等涉外活动,最后签订合同。项目可行性决策通常包括的环节如图2－3所示。

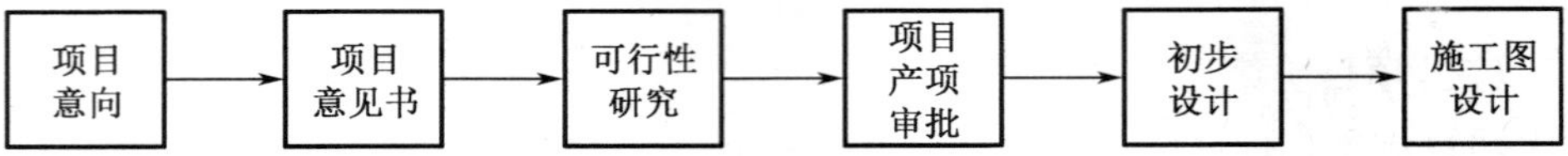

图2－3　项目可行性决策各环节流程图

第二步:项目组根据订单合同及相关技术规格说明书编制生产计划,包括项目工期计划、进度计划、成本计划、质量计划、资源计划等相关生产规划,同时对项目具体实施对象进行整体设计,如设计相关的技术指标、图纸文件、工期计划等。在这个阶段中,海装制造企业主要进行生产与设计相关的决策,这是项目决策的核心环节。

第三步:项目组在项目具体实施过程中对项目进行控制,以确保项目能够按期完成,并使项目质量能够达到预期要求。在这个过程中,项目的决策主要体现在当项目实施与预期出现偏差时,项目组制订相应的纠偏计划,以确保项目可以保质保量地顺利完成。

在海装制造企业项目决策中,决策体现在项目进行的各个阶段,并且随着管理理论的发展,项目决策也更加科学化和系统化。当前海装制造企业往往采用项目管理的相关理论和方法,重点进行项目的进度管理、成本管理、质量管理、风险管理、人力资源管理、项目交付管理等方面,在项目进行的三个阶段中,项目决策者通过对项目决策内容的交互管理,实现对项目的全过程控制。在海装制造企业项目决策中,项目的实施与控制是项目的核心,企业的绝大多数关键性决策都是在这一阶段制定。

在项目进度管理中,项目决策者首先对项目的工期进行预先设计,制订项目进度计划,将项目计划分成若干个工作任务,同时设计每个工作任务的工作目标。工作期间,在项目实施过程中对项目实际实施的情况与预期工作任务进行对比分析,若项目实际进度迟于计划进度,项目决策者会制定相关的措施以追赶进度,若出现明显的成本增加、工期延长,项目决策者甚至会作出项目终止的决策。

在项目成本管理中,决策者一般根据项目完成所需的原材料、工艺设备、能源消耗以及后期制成品试验环节发生的费用等,并结合相关材料的市场价格、人工费用等,对该项目的预期成本制订成本计划。同项目进度管理类似,在项目的成本管理中,项目决策者往往通过具体的材料成本、人工成本、设计成本、试验成本、保险费等预估合理的成本,根据此成本制订目标成本,同时将该成本分解至项目中的各个工作任务。在项目实施的过程,通过对实际发生成本与预期成本进行对比分析,制定相应的成本控制决策,并通过相应材料等的市场价格变动,对项目总目标成本进行适当的调整,从而保障项目能够有效合理地控制成本,最终获得一定的预期经济效益。

在项目质量管理中,项目决策者对项目实施的全过程采取全面质量管理的质量管理思路,不仅要保证最终产品的质量,还要确保项目实施的每个阶段的质量。因此当前绝大多数的海装制造企业在项目管理决策中往往投入大量的人财物力进行项目的质量控制,从合同签订阶段、项目准备阶段到项目实施阶段再到后期服务阶段编制一系列的质量保障体系,针对不同的工作任务及相关的技术指标进行严格的质量监管。一般来说,海装制造企业在质量管理过程中,往往通过制订质量控制表,清楚标明每项工作任务的质量目标、相关责任部门、相关技术标准、实际质量检测结果等指标,来加强质量控制。

在项目风险管理中,项目决策者主要对项目存在的融资风险、质量风险、进度风险等制定相应的风险管理措施。以项目进度控制过程中工作任务的分解,分阶段对项目的风险进行监控,通过收集相关风险信息,及时识别项目实施过程中的潜在风险、风险的类型、风险发生的概率以及风险发生后可能导致的后果等。若风险发生,项目决策者还往往针对具体的风险展开相应的追溯,寻找风险发生的源头,总结相关风险管理经验,避免类似风险再次发生。

在项目人力资源管理中,项目决策者一般结合项目组织的结构,制定相关人力资源管理决策,实现人员的调配与合理安排。为更好地加强项目的质量控制以及人员的管理,项目决策一般在项目开始初期组织项目团队对项目进行设计研发,同时对员工进行培训,建立合理的员工考评机制、激励机制,激发员工的工作热情,提高工作效率,为项目质量的控制和进度的合理控制提供有效的保障。

在项目完成交付过程中,海装制造企业决策主要是在装备的试运行与买方验收过程。在这个过程中,项目决策者一般是按照项目预期制订的各项计划以及买方的具体要求,作出核查及试运行的决策。从当前海装制造企业项目的验收过程来看,海装制造企业往往要提供买方相关的完工资料、技术图纸、相关合格证书及检验报告等。

总的来说,当前海装制造企业的项目决策的制定与实施往往散落于项目过程的各个阶段中,缺乏一定完善的决策系统,或者说现有决策不成系统。在实际调研中也发现,海装制造企业在大型、长期的项目中,决策者在决策中也存在着若干相互矛盾的情况。

(二)我国海装制造企业项目决策存在的问题

1. 在进度控制方面存在的问题

我国海装制造企业中,首先,要对项目整体有一个全面的分析掌控,编制出完整的项目执行计划;其次,在项目施工过程中,需要及时对项目中偏离了计划方向的偏差进行调整与纠正;再次,在项目全生命周期的不同阶段需要根据项目计划进行有侧重的监督、检查以保证项目可以按计划顺利完成;最后,项目管理者需要整体把握施工的节奏,不同层级的管理者需要在自己的管理跨度内严格控制进度的节奏及进程。将实际进度与计划进度进行比照,按照动态原则采取措施调整进度,使得项目中各项不同活动按照合理的顺序有条不紊地进行。项目过程中,项目的进度控制非常关键,进度控制做得好,才能保障整个项目按时完工;否则,则会引发工期延长、成本增加,甚至合同违约、遭受罚款等不良后果。

目前,我国海装制造企业项目决策中的进度控制决策,主要存在着以下问题。

(1)海装制造企业项目具有技术要求高、生产周期长的特点,整个生产周期中,涉及多个不同的职能部门、设计单位、施工单位、监理单位等,在项目进行过程中,统筹各方面关系、合理安排工期是当前海装制造企业项目决策的难点之一。

(2)海装制造企业项目需要达成海装项目总体目标以及总体质量要求,需要将项目活动合理研究、评估并分解,并按照合理的工序重新衔接、排序,特别针对耗时较长、有可能影响其他活动环节的生产活动,尤其要特别安排。在项目进程中,既要考量项目工程的进展,又要协调工期、成本以及进度之间的关系,是进度控制的重要问题。

(3)海装制造企业项目中,不同参与单位逐步参与项目活动,项目进度的动态性、复杂性使得项目实际进度必然与项目计划进度存在一定的差异,故而在项目进展过程中需要根据实际情况对项目进度计划进行修改和细化,这种反馈预警修订方案需要相关数据信息的及时性与准确性。故而进度控制的及时性也是海装制造企业项目决策的重点问题。

2. 在质量控制方面存在的问题

质量管理是项目管理中过程管理的重要方面,质量可以说是项目建设的生命,一项项目如果质量不能保证,那么整个项目实施的过程也便变得毫无意义,甚至会影响企业的信誉或者今后的生产经营活动。在我国海装制造企业进行项目实施的过程时,必须对项目质量控制加强控制,同时实施全方位的质量管理,用来保障项目实施的质量。项目质量控制决策是项目决策的重要功能之一。

通常,项目质量控制的主要关注点可以归纳为“5M1E”,其中包括人(Man)、机器(Machine)、材料(Material)、方法(Method)、测量(Measurement)以及环境(Environment)。而在海装制造企业项目质量控制环节,必须从以上几个角度出发,在项目过程中保障项目的质量。

目前，我国海装制造企业项目决策中的质量控制决策，主要存在着以下问题。

(1)缺乏完善的质量监督部门

为了保证质量控制决策的顺利进行以及相应的质量控制体系正常运转，需要相应完善有效的质量监督部门跟踪检查相关项目活动单位的活动完成质量，及时发现问题并提出整改意见。在现有的海装制造企业项目质量控制决策中，通常使用 PDCA 循环进行，但是相应“Check”环节较为薄弱。

(2)项目质量控制经济性与可操作性问题

项目质量控制属于一个系统性工程，不仅具有质量控制内容较多的特性，也必须对项目全过程实施质量控制。需要正确处理项目质量与项目进度、费用之间的相互关系。故而，在海装制造企业项目质量控制中，在保障海洋工程装备的质量要求、满足相应的功能性条件外，可以根据不同的项目目标有不同的价值侧重。

(3)项目质量控制中，尚无完整健全的质量保障体系

在对海装制造企业项目决策质量控制中，需要完善的质量检测方案、充分的质量管理手段；对于项目过程中可能存在的各种质量问题做好相应的预案与备用方案。

3. 在风险控制方面存在的问题

从调研的情况来看，当前海装制造企业在项目决策过程中对风险的控制意识较低，缺乏相应的前瞻思想，对于海装制造企业的发展前景及发展方向认识不足。特别是对周期较长、资金量较大的项目，在风险控制过程中缺乏灵活机动的预警机制和管理机制，往往不能从整体上加强对风险的管理和控制，对于潜在的风险识别能力较差、风险管理的意识薄弱，缺乏风险发生后的及时止损机制，以及缺乏对风险事件的经验总结或者经验总结不够彻底。

4. 在外部环境方面存在的问题

海装制造企业项目决策除受到企业内部的相关影响因素的影响外，更受到企业项目外部环境的影响。项目决策外部环境不仅仅是决策制定过程中不可忽视的客观环境，也是项目决策实施过程中必须适应的宏观条件。

通过对我国海装制造企业现状的调研和分析，海装制造企业的项目决策还面临着以下几方面的问题：我国相应的法律法规不完善，缺乏国家级相应法律，各省市、地区级法律法规不一致，且难以统一，海洋工程装备制造领域的国际合作交流略显不足等一系列政治方面的问题；对海洋工程装备市场宏观调控力度不足，我国海洋工程装备制造产业结构不合理，资源集中且重复配置现象严重，恶性竞争激烈，缺乏国际竞争力强的自主品牌等一系列经济方面的问题；相关领域人才稀缺，且缺乏完善有效的人才引进措施，企业社会责任承担及履行缺乏统一监督及政策扶植等一系列社会方面的问题；还有企业信息化程度差，信息化进程缓慢，产业链条不完善且设置不合理，技术实力与其他海洋强国差距较大，且缺乏一定的技术创新实力等科技方面的问题。

第三章　我国海装制造企业项目决策系统的构成分析

第一节　我国海装制造企业项目决策系统的概念及框架

一、我国海装制造企业项目决策系统的概念

（一）决策系统

1. 系统及决策系统的定义

所谓系统，就是由一系列相互关联、相互影响并相互作用的要素（部分或环节），按照一定的联结方式组成的具有特定功能的有机整体。系统理论的思想源远流长，可以追溯到两千多年前的人类文明中。20世纪中期，生物学领域首次对系统的概念做出科学的阐述，并逐渐丰富形成了一门独立的学科。随着系统理论的逐步扩展和发展，系统论已经成为研究复杂问题的常用方法之一，其基本思想是：在研究对象所处的外部环境之中，按照事物本身的属性，将事物置于一个相对独立的系统中加以考量，并对其所在的系统进行分析改进，以期获得系统整体的性能最优化。

根据系统论的观点，任何一个理论意义上的存在都可以利用系统的方式加以解释。本书即将项目决策看作一个复杂的系统工程问题，将决策系统界定为由决策要素间的相互关联和动态作用所形成的、以子系统的模式为实现决策战略目标的有机结合体；从决策系统的整体视角出发，着眼于系统与构成要素、构成模块之间的相互联系以及相互作用，科学合理地分析决策系统的构成。

综合决策理论与系统的思想，本书提出"决策系统"定义如下：决策系统是将若干决策要素以某种特定的逻辑或模式联结过程的具有某种特定功能的有机整体。

2. 对决策系统的分析

由于决策系统的定义中包括了要素、子系统、功能三种概念，因此，对于决策系

统的分析需要从以下三方面进行。

(1)决策构成要素及要素间的相互关系

决策构成要素是决策系统的基本组成单元,决策构成要素以及决策构成要素之间的相互关系共同作用并联结形成了决策系统的不同的子系统。在决策系统中,除不同决策构成要素的底层架构外,更强调各要素间的复杂联系及作用方式,即各要素在时域、空域上有序排列的具体形式。

(2)决策构成模块及功能

决策系统包含从决策程序启动到决策程序完结的全过程,按照决策系统功能区分,可以将决策系统进行有机的分解,不同模块有机结合形成完整的决策系统。

(3)决策系统的运行

决策系统的运行机理及方式是决策系统之所以成为系统的最重要的环节。系统的运行是系统实现整体功能、反映系统的客观规律的行为方式。

(二)海装制造企业项目决策系统

对于海装制造企业项目决策系统而言,其决策客体存在一定的特殊性:由于海装项目具有资金巨大、产品特异性强、工程周期长、不可逆性以及决策环境更为复杂的特征,海装制造企业项目决策系统比普通决策系统更为复杂。

对于海装项目来说,除了具有上述特点外,整个项目也是一个跨学科的系统工程,它往往涉及生产制造的各个环节、组织结构的设计构建、企业文化、行业背景等。对整个项目分析其决策系统,即是按照海装制造企业项目的项目性质、生产经营需求、产品特异性,在项目过程中遇到决策问题并对其制订决策方案的过程中,完善决策体系及影响要素的相互关系和内在机能,深入分析决策体系的运动变化规律。

完整健全的海装制造企业项目决策系统是企业在项目管理过程中进行科学决策的必要手段,它贯穿企业项目管理的全过程,是企业项目管理经营的基础。

本书中,海装制造企业项目决策系统的定义是:在海装制造企业项目生产过程中,针对海装制造企业项目的特点,将决策构成要素按照输入、主体、输出的方式有序地联结在一起,形成具有特定功能的结构各个子系统,并使其按部就班地运行,共同形成一个能够进行科学决策的有机整体。

二、我国海装制造企业项目决策系统的框架

就结构而言,任何系统都包含输入、主体、输出三个部分。系统的输入,一方面可以启动系统的运转,提供系统运行的动力;另一方面也可以提供维持系统运行的能量以及系统运行过程中所必需的资源。系统的主体,则是整个系统内部运转的部分,是系统最重要的部分。它依赖系统输入提供的物质,经过主体部分的有机整合、加工,形成一定的产物,经由系统输出到系统外部。系统的输出,则是与外部连

通的部分。它将系统主体的产物传输到系统外部,以供分析利用。如果按照内外部结构进行划分,系统的主体属于内部,它仅仅依赖着输入、输出两部分与外部连接。

所以,本书构建的项目决策系统,也由输入、主体、输出三部分组成,如图3－1所示。

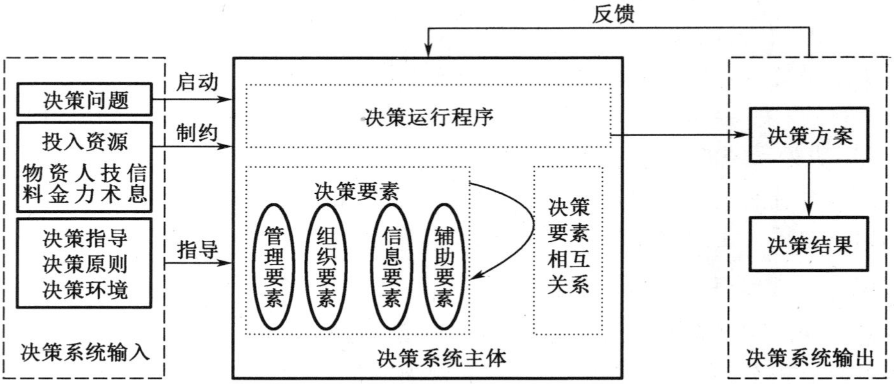

图3－1　项目决策系统的构建框架

(一)决策系统的输入端

项目决策系统的输入端分为三个组成部分。

1. 决策问题

决策问题即在项目进行过程中遇到的需要决策的问题,不管是项目管理决策还是项目业务决策,均可以启动项目决策系统主体进入项目决策程序。

2. 投入资源

投入资源即在项目进行过程中企业为其投入的各项资源,这些资源并非直接用于决策制定,却对项目决策有影响。可以说,项目投入资源是企业进行决策的制约条件,它决定了项目决策的方案制订。如何在投入资源的限定下达到最好最优的效益,是决策系统主体需要考量的重要问题。项目进行中需要各种资源的支撑,这里将投入资源主要归纳为物料、资金、人力、技术、信息五点。

3. 决策指导

决策指导是对于决策主体部分起指导作用的各种要素,主要包括决策原则和决策环境。

(1)决策原则

决策原则是项目决策中必须存在的,是制定决策时需要遵守的准则,它指导决策的制定。决策原则的规范性、准确性是决策正确的必要保证。

(2)决策环境

这里的决策环境主要指的是企业外部的环境，主要指会对项目决策有影响的相关环境的信息，包括产业国际形势、行业内竞争情况、国家政策法规扶植力度、国际金融形势等。

(二)决策系统的主体部分

项目决策系统的主体部分是系统的核心组成部分，它具体涵盖了项目制定决策的全过程，所有的外部资源条件、指导要素、相关信息都需要在主体部分内进行处理，将其转化为可以加以利用的知识情报。

1. 决策程序

主体部分的运行主要是依据决策程序按时间顺序进行的，在决策程序执行过程中会涉及各种决策要素的参与，而这些决策要素之间相互影响、相互制约、相互促进，其相互之间的各种关系共同作用于决策运行过程。

2. 决策要素

这里简单将各种决策要素归纳为以下四类：管理要素、组织要素、信息要素以及辅助要素，这四种要素均是系统内部原生要素。

(1)管理要素

管理要素是指对决策过程起到影响作用、实现系统既定功能的要素。在项目决策系统中，管理要素包括有形的项目决策制度和无形的项目决策氛围。在管理和制度的作用下，企业活动将会获得更高的效率。制度对项目决策系统的作用主要体现在激励和保障作用上。项目决策氛围主要体现的是一种意识形态，在项目决策过程中，项目规范化管理发生作用而产生项目氛围，在理解上与企业文化一脉相承。一方面，各个不同项目、不同企业的项目之间不同的管理方式、决策方式会导致企业项目氛围中的决策直觉、决策价值观以及决策执行自主性、决策执行落实程度差异巨大；另一方面，整个氛围会使决策过程中人为参与的各个环节产生微妙的作用，很多时候积极的心理状态会获得更大的收益。

(2)组织要素

项目决策的整个过程完全依赖于人来进行操作，所以组织要素是项目决策成功的有效保障。组织要素包括决策制订组织、决策执行组织以及决策权的配置。决策权的配置决定了企业项目决策的方式，通常视决策问题的常见程度而定。如果该问题较为常见，具有可以加以参考或借鉴的决策程序即程序化决策，则可以将该决策的决策权下放，由较低层次的决策者进行。一些突发性、偶然性的问题的决策过程一般属于非程序化决策，由较高层次的决策者完成。较低层次的决策者将项目进行中遇到的难以解决、无例可循的决策向上呈送，交由上级决策者解决；较高层次的决策者将例行决策向下授权，以主要处理相对棘手的非程序化决策。

(3)信息要素

信息要素在决策中扮演着最重要的角色,广义上的决策信息要素涵盖了决策过程中的所有环节,制定决策所使用的数据情报甚至系统的输入、系统的输出以及系统运行过程中不同要素的联系都是以信息的形式传递的。决策运行程序是整个决策的重中之重,它整合了项目决策过程中涉及的各种要素以及各种要素间的有机的化学反应,遵从决策程序的整体过程,最终得出一套完整、合理、令人满意的决策执行方案。

(4)辅助要素

辅助要素主要是指在项目决策过程中可以使用的辅助决策的人员或者手段:人员主要包括相关领域专家、企业内部有经验人员或者是有偿服务的咨询公司等;决策过程中的辅助手段一般指的是信息辅助系统,包括决策支持系统(DSS)、企业资源计划系统(ERP)等。这些辅助手段可以帮助提供更多决策备选方案,或者提高决策效率。这些辅助要素在信息时代的决策过程中扮演着日益重要的角色。

(三)决策系统的输出端

项目决策系统的输出端则是决策结果向外界输送的一个过程,在决策中最终确定的执行方案将从决策制定组织发布到决策执行组织执行。与其他系统不同的是,项目决策系统还包括一个反馈调节的过程。反馈是指及时发现决策执行过程中环境的变化以及执行的偏差,将两者比较的结果重新输入系统主体,从而可以有效地控制和调整决策方案。

第二节　我国海装制造企业项目决策系统的构成要素

根据以上分析,将我国海装制造企业项目决策系统的构成要素分为三类,即项目决策系统的输入构成要素、项目决策系统的主体构成要素和项目决策系统的输出构成要素。

决策系统的输入构成要素是指从外部输入决策系统并参与决策系统主体运行的要素,主要包括决策问题和决策指导要素。决策指导要素是指在决策过程中对于决策过程起到指导作用的变量要素,这些要素对于决策过程起到了指导的作用,但并不直接影响决策结果的生成,主要包括决策环境、决策原则和决策目标三项。决策目标规定了决策的预期目标,决策原则规范了决策必须依从的准则,这两个构成要素指导决策系统运行的过程,对决策的结果起到了指导性作用。

决策系统的主体构成要素是指参与决策过程对决策结果产生影响而生成的变量要素,主要包括决策主体、决策客体、决策信息、决策组织、决策理论与方法五项,这五项构成要素均作用于决策系统运行的过程，对决策的结果起到了决定性作用。

决策系统的输出构成要素是指描述决策系统输出结果的变量要素，包括决策方案和决策结果两项。决策结果是决策系统的主要输出，是决策具体的执行方案。

以上三类 11 种构成要素的划分如图 3－2 所示。

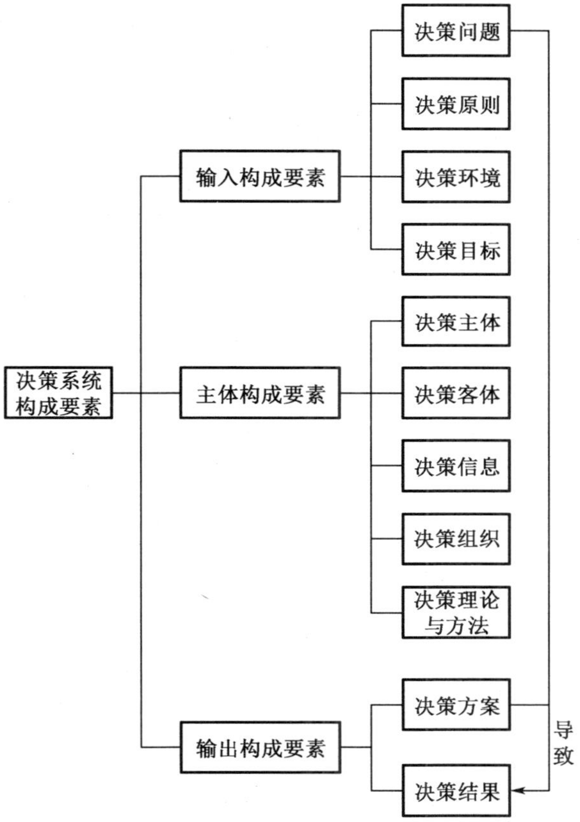

图 3－2　海装制造企业项目决策系统构成要素

一、决策系统的输入构成要素

（一）决策问题

海装制造企业在项目进行过程中遇到需要进行决策的问题，不管是项目管理决策还是项目业务决策，均可以启动项目决策系统主体进入项目决策程序。

（二）决策原则

海装制造企业项目决策原则是在项目决策过程中必须遵循的准则，它充分反映了决策过程中固有的客观规律。海装制造企业项目决策中，从决策问题的出现、目标确定、方案拟订和选择到施工过程中的反馈及对方案的调整，整个过程离不开一定原则的指导。海装制造企业项目决策虽然根据项目的不同而略有区别，但是项目决策原则具有一定的共性，主要包括以下内容。

1. 动态原则

任何项目从确定到实施的过程中都不是一成不变的，在项目决策的制定过程中，信息流不断更新、决策环境不断变化，这也就要求企业在决策中要遵循动态的原则，以动态灵活的决策过程应对决策信息的变化，并力求在项目的确定与执行中有前瞻性，以便能够抢先获得后续竞争中的优势地位。

2. 信息集成原则

信息是现代决策的基础，信息的收集、识别与处理是决策制定的前提。决策的过程从本质上来说也是收集信息、处理信息、利用信息的过程。有效的信息能够快速将项目外部环境反映给决策者，使决策者能够更加清晰、明确地对外部环境中所蕴含的机遇、威胁等进行评估，强化决策者对不确定因素的认识；而信息处理方式、分析方式的不同，沟通实现途径的不同，以及信息整理方式的不同，会使同样的客观信息在决策中发挥不同程度的作用，高效的信息处理方式往往会使信息在决策中发挥的作用更强。但是，在项目的决策过程中，信息的获取、整理、识别、传递、沟通等是存在成本的，决策信息的正确性直接影响到决策准确度，因此不同的决策者在花费成本获取信息以提高决策精度方面与决策执行后所产生的收益之间进行比较，并会各自有所选择。

3. 可行性原则

可行性原则是决策方案制订并执行过程中的基本原则，可行性是保障项目能够顺利进行实施过程的基本条件。在项目决策过程中，海装制造企业应充分考虑各种制约项目决策的内外部环境因素，实时掌握和了解国家的相关政策动向，对项目实施过程中可能出现的风险进行预测，并制订相应的应对预案，同时还应制定相应的项目退出机制，以便能够使项目在出现不可控制的风险或状况时，能够紧急退出项目，避免给企业带来更大、更严重的损失。

4. 满意原则

在项目确定、实施的过程中可能会出现多种决策方案，但企业终究会在对决策方案进行充分评价的基础上，选择相对较优的方案。通常，在决策过程中，最优的方案并不存在，同时由于经济学中的边际效应，往往为了无限接近于最优方案，我们需要花费更多的时间、精力、成本等，且付出与方案的优化程度不成正比，因此，我们往往选择“令人满意”的方案，而不是最优的方案。换句话说，最优的方案并不存在。

（三）决策环境

决策环境，顾名思义是影响决策参与者决策行为的内外部环境的总称。海装制造企业项目决策环境包括项目决策制定时涉及的自然环境、经济环境、客观条件等外部环境，也包括对项目决策有影响的企业文化、决策氛围等内部环境。不同的项目所处的决策环境也不尽相同，在决策过程中决策环境也面临着随时改变的情况，所以在制定决策时需要紧密关注环境变量的变化趋势，因势利导，准确把握环境对于决策的影响，以便制定出科学合理的决策。

对于海装制造企业项目而言，其涉及的环境较为复杂。站在产业的角度，海装制造业受到国际局势、国家政策法规、经济形势等诸多影响；从行业角度衡量，同时更需要考虑行业竞争局面、企业上游供应商和下游购买商格局。以上两点均属于企业外部环境的影响，更为重要的一点是从企业自身角度出发，综合考虑企业的技术实力、创新能力、人才素养、企业文化等内部环境因素。

（四）决策目标

决策目标是指在决策开始时对于决策实施成果的预期，通常来讲，决策目标反映了决策参与者对于决策结果的主观价值期望与心理预期。通常，对于海装制造企业项目决策来说，其决策目标往往是在完成合同要求的同时，实现企业对于项目要求的附加收益，如利润最大化、维持企业长期良性发展等。决策目标对于决策过程起到重要的影响作用，尤其在决策方案的选择过程中，决策目标是衡量方案是否合理的初级指标。在海装制造企业项目决策整体流程中，必须明确项目决策目标：一方面，可以保证决策参与者有明确的决策行为方向引导；另一方面，对决策目标进行逐层细分，可以得到更有针对性、可操作性更强的低层目标。

二、决策系统的主体构成要素

（一）决策主体

决策主体主要指决策过程中具有主观的能动性的决策活动参与者，决策主体可以以个体的方式出现，也可以是由个体构成的组织、机构等。在海装制造企业项目决策过程中，其主要的决策活动中均须由决策主体参与才能完成。按照不同阶段进行划分，决策主体包括：项目立项决策的确立者、项目决策方案的制订者、项目决策执行方案的执行者，等等。不同的决策主体在决策系统中各司其职，拥有不同的决策权限、完成不同的决策职能。决策系统的有机运行依赖于所有决策主体正确的决策行为。

对海装制造企业来说，其项目一般具有一次性投入大、项目周期长等特点，因此决策主体的多元化就成为其项目决策的一大特征。在本书中，将项目决策主体细分为信息收集者、决策制定者、决策外脑、决策执行者。

信息收集者是企业进行项目问题识别的核心主体，信息收集者通过对信息的收集、处理和加工，形成项目信息平台，为其他决策主体提供决策依据，同时还主要负责对项目决策的追踪和信息更新，以便随时更新项目信息平台，提供全面、动态的决策依据。

决策制定者是项目决策主体的核心组成部分，是项目备选决策方案的筛选者，是企业核心决策能力的体现。决策制定者代表着股东、董事会的利益来行使决策权力。海装制造企业的项目决策制定一般由企业管理层来承担，由企业的高管团队对项目作出决策，其中较高层级管理者的决策能力直接影响了项目的决策水平。

决策外脑一般认为是企业的智囊机构，通过遴选相关的管理方面的专家建立专门的项目咨询委员会等，对项目给出专业的价值分析与客观判断，以便帮助企业决策层进行科学决策。项目咨询委员会成员应来自于企业的领导层、财务管理部门、计划部门、生产部门等与企业生产运营等有着直接关系的管理层人员，成员来源的广泛性也能够防止企业决策高层由于对项目信息了解的局限性，而出现信息不对称甚至对项目作出错误决策的情况，从而降低决策的失误率和决策风险。在专家遴选过程中不仅要求其对该项目有深刻的认识和了解，还应具有高度的责任心和企业归属感，同时能够超越自身专业和所在部门的利益局限。

决策执行者也就是决策的具体实施者，在传统观念中决策执行者与决策无关，只是单纯地对决策实施和执行，但是，在海装制造企业的项目决策中，决策执行者承担着项目决策反馈的重要任务。通过决策执行者的信息反馈，其他决策主体能够迅速地在第一时间内了解到项目的进展情况，及时对决策执行中的偏差进行修正，以保障项目能够顺利地进行。

（二）决策客体

决策客体是决策所针对的对象，也是决策过程中承载决策主体决策行为的一方。通常来讲，海装制造企业项目决策中的客体包括项目进行过程涉及的各种对象。宏观来说，即物质、能量、信息；具体到微观，则包括企业员工、资金、物料设备、进度计划、施工场所、数据情报等要素。随着科学技术的发展，信息化逐步渗透到企业决策过程中，广义的决策客体也包括了与信息技术、计算机技术相融合产生的各种决策支持对象，比如决策支持系统、决策信息化平台等。

（三）决策信息

决策信息是指决策过程中所需要的资料和数据的总称，既包括为决策制定搜集得到的相关情报，也包括经过分析处理整合得到的相关知识，还包括在决策过程中产生的一系列数据情报等。决策的过程，实际上可以看作是一个信息流动的过程，信息的不断输入、传递、处理、利用、输出形成一个封闭的回路，贯穿决策的全部阶段。决策信息的正确与充分是科学决策的必要前提；反之，错误、闭塞的信息将极有可能导致决策的失误。

按照决策信息的来源，我们可以将决策信息划分为内部决策信息和外部决策信息。

海装制造企业项目决策内部产生的信息主要包括两方面：一方面是各个决策主体之间的信息交互，海装制造企业项目决策具有决策主体多元化的特征，不同决策主体在决策阶段的合作将借由信息的传递完成，这包括决策制定者之间、决策制定者与决策外脑之间等，这些信息可以是上级对下级的指令、同级之间的意见交换或者是下级对上级的成果反馈；另一方面是决策主体与决策客体之间产生的信息；此外，还包括决策过程中产生的一些文件、案例等。

海装制造企业项目决策外部的信息主要来源于企业外部环境产生的影响，决策外部的信息可以来源于其他类似项目、国家统计数据、产业链上下游、相关的科研机构、咨询单位等多个层次。项目决策外部信息来源广泛，尤其在信息爆炸的互联网时代，信息搜集的便捷也导致了大量信息冗余及虚假，这些信息不仅不会对决策系统起到支持作用，反而对决策系统的有效运行起到干扰作用。

（四）决策组织

决策组织是为了实现项目决策目标形成的职权分明的决策管理层次和决策管理机构的有机结合体。

在海装制造企业项目决策系统中，决策组织是将决策的目标与决策主体的职能相联系，共同实现决策的结构性配置与整合的过程。通常，组织结构的原则包括：

（1）有利于实现组织目标的原则；

（2）整体协调的原则；

（3）突出重点的原则；

（4）权责结合的原则；

（5）规范化、标准化、制度化的原则。

对于海装制造企业项目决策系统而言，合理的决策组织应该是：目标一致性和决策管理统一相结合；管理幅度与管理层次相结合，责任和权力相对等；分工合理和密切协作；集权与分权相结合。

（五）决策理论与方法

决策理论与方法是辅助决策主体进行正确决策时需要用到的相关理论与科学手法。决策理论与方法对决策系统起到重要的指导作用，涉及决策过程的方方面面。在海装制造企业项目决策过程中，决策理论与方法应用在决策方案设计阶段、决策方案选择阶段、决策方案评价阶段，等等。选择科学的理论与方案是关系到项目决策成功与否的重要因素。

三、决策系统的输出构成要素

(一)决策方案

决策方案是决策过程的阶段性成果,在决策过程中,决策方案可以细分为决策备选方案、决策方案、决策执行方案三种。通常,决策制定者需要在决策备选方案中依据决策目标与决策原则选择明确的决策方案,并将决策方案进一步细化、明确,增加其可行性,即得到决策执行方案,交由决策执行者执行。为了保证决策方案的正确与合理,需要注意以下几点:

(1)对所拟订的方案进行客观、科学的评价;

(2)有及时可靠的反馈环节,将方案执行、选择、执行过程中的问题加以反馈,提供参考;

(3)要有明确的选择标准,一般参考决策目标,观察决策方案效果与决策目标之间的差异。

(二)决策结果

决策结果是整个决策系统的最终输出变量,是整个决策过程的结果性因素。决策结果通常是客观衡量决策质量的重要因素,尤其对于海装制造企业项目决策而言,通常决策过程具有周期性、阶段性,导致决策结果具有一定的隐藏性与时滞性,很多决策效果不能在决策过程中实时显示出来,故而需要决策结果这一要素总体表征决策系统的最终输出指标,并依据此判断决策是否失误、是否科学有效。

第三节　我国海装制造企业项目决策系统构成要素间的关系

一、解释结构模型方法及步骤

解释结构模型法(Interpretative Structural Modeling,ISM)是美国教授华费尔在1973年分析社会经济系统的复杂性时开发的一种方法。它是分析复杂结构关系的有效方法。ISM方法将系统中各个要素间的复杂关系通过构建多级阶梯的结构模型进行分析。

解释结构模型法的基本思路是:通过提取构成要素,运用有向图、矩阵等工具,对要素及其间的相互关系进行处理,构建解释结构模型并对其进行分析。

其步骤为:

(1)组建ISM小组,要求小组成员对其研究问题进行讨论,且尽量寻找多个观点角度的成员;

(2)设定问题,进行系统需求分析;

(3)选择系统的构成要素,合理筛选,反复讨论,最终确定要素方案;

(4)建立邻接矩阵和可达矩阵;

(5)分解可达矩阵,建立结构模型;

(6)根据结构模型建立解释结构模型。

ISM 模型构建的一般步骤用流程图表示如图 3－3 所示。

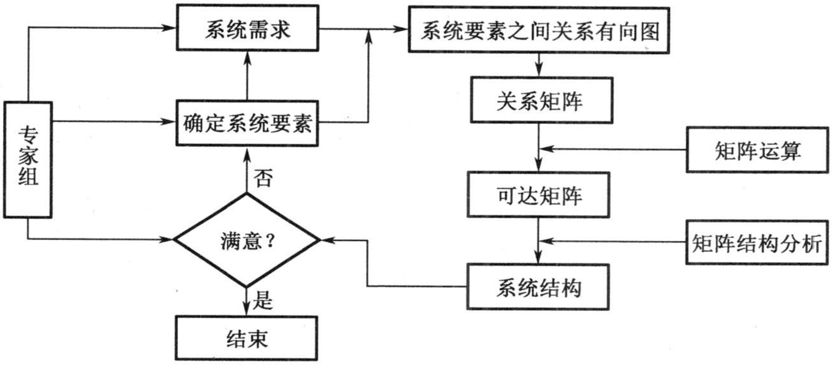

图 3－3　ISM 建模过程

二、我国海装制造企业项目决策系统构成要素间的关系分析

企业项目决策的效率提高依赖于决策系统中各个构成要素之间相互配合、协调发挥作用。在本节中,我们利用解释结构模型的方法分析海装制造企业项目决策系统的主要构成要素。根据前文中提到的解释结构模型的应用步骤,海装制造企业项目决策系统的主要构成要素研究步骤如下:

(一)成立 ISM 小组,分析构成要素

我们从调研企业高层主管领导、相关部门主要领导及业务主管以及管理专家中抽调 15 个人组成了 ISM 小组。运用调查问卷的形式,结合案例研究、文献整理及专家意见,ISM 小组讨论商榷确定海装制造企业项目决策系统的构成要素,从结构上解析如图 3－2 所示。我们可以清楚地认识到 11 个构成要素对决策系统的导致程度。

通过调查,我们将海装制造企业项目决策系统的构成要素及其描述性定义用表 3－1 表示。

表 3－1　项目决策系统构成要素及其描述性定义

编号	构成要素	描述性定义
S_0	决策系统	决策系统整体
S_1	决策问题	决策系统的运行激励要素，启动了决策系统运行程序
S_2	决策原则	决策系统的指导性要素，规范了决策的过程
S_3	决策环境	决策系统的运行影响要素，影响了决策的内容与效果
S_4	决策目标	决策系统的预期成果要素，制定于决策开始环节，确定了决策制定、执行的方向
S_5	决策主体	决策系统的直接参与要素，参与了决策的全过程
S_6	决策客体	决策系统的运作对象要素，决定了决策初始条件
S_7	决策信息	决策系统的决定性支持要素，直接影响了决策的价值和准确性
S_8	决策组织	决策系统的结构性要素，构成了决策的主要框架
S_9	决策理论与方法	决策系统的方法性要素，指导了决策制定的科学性
S_{10}	决策方案	决策系统的最终选择执行方案，对决策结果有直接影响
S_{11}	决策结果	决策系统的结果性要素，是决策过程中的阶段性成果

（二）构建影响关系邻接矩阵

我们邀请 ISM 小组中的专家填写影响关系表，表中各个元素表示了海装制造企业项目决策系统的各个构成要素间相关影响关系，不同的字母代表不同的影响关系。其对应准则如下：

V = 元素 i 能够被元素 j 直接影响；

A = 元素 j 能够被元素 i 直接影响；

X = 元素 i 和元素 j 能够相互影响；

O = 元素 i 和元素 j 之间没有相互关系。

其中，i 和 j 分别代表不同的元素，且 $i,j=0,1,\cdots,11$。

由此，根据专家打分表可以得到海装制造企业项目决策构成要素的影响关系邻接矩阵如表 3－2 所示。

表 3－2　海装制造企业项目决策系统构成要素影响关系表

	S_{11}	S_{10}	S_9	S_8	S_7	S_6	S_5	S_4	S_3	S_2	S_1	S_0
S_0	V	V	V	V	V	V	V	V	V	V	V	V

表 3-2(续)

	S_{11}	S_{10}	S_9	S_8	S_7	S_6	S_5	S_4	S_3	S_2	S_1	S_0
S_1	X	V	V	O	O	O	O	O	O	O	O	
S_2	O	V	V	O	O	O	O	V	A	O		
S_3	O	V	V	A	O	O	A	X	O			
S_4	O	V	V	O	O	O	X	A				
S_5	O	O	V	A	O	X	A					
S_6	O	V	V	O	X	A						
S_7	O	O	V	O	O							
S_8	V	X	O	O								
S_9	O	X	X									
S_{10}	O	O										
S_{11}	O											

(三)构建可达矩阵

由于海装制造企业项目决策系统各个影响要素间存在关系的复杂性和非直接性,要直接得出系统各要素的邻接矩阵比较困难。这种情况下,就可以根据可达矩阵系统要素的关联情况,直接由系统要素的关系得出可达矩阵。

由此,可达矩阵可以分为两步达到,初始可达矩阵 $\boldsymbol{M}'$ 和最终可达矩阵 $\boldsymbol{M}$。初始矩阵没有考虑各因素之间的传递性,而最终可达矩阵考虑了各因素之间的传递性。所谓传递性可以简单表述如下:在可达矩阵中,如果元素 A 可以找到一条长度为 1 的路径到达元素 C,元素 C 可以找到一条长度为 1 的路径到达元素 D。也就是说,如果元素 A 对元素 C 有直接影响,元素 C 又对元素 D 有直接影响,那么元素 A 对元素 D 有影响。

1. 初始可达矩阵 $\boldsymbol{M}'$

用 0,1 来替代邻接矩阵中的 $V/A/X/O$ 元素,可以得到初始可达矩阵。替换准则如下:

如果邻接矩阵 $\boldsymbol{L}$ 中,$(m'_{ij})=V$,则初始可达矩阵中对应的$(m'_{ij})=1$,$(m'_{ji})=0$;
如果邻接矩阵 $\boldsymbol{L}$ 中,$(m'_{ij})=A$,则初始可达矩阵中对应的$(m'_{ij})=0$,$(m'_{ji})=1$;
如果邻接矩阵 $\boldsymbol{L}$ 中,$(m'_{ij})=X$,则初始可达矩阵中对应的$(m'_{ij})=1$,$(m'_{ji})=1$;
如果邻接矩阵 $\boldsymbol{L}$ 中,$(m'_{ij})=O$,则初始可达矩阵中对应的$(m'_{ij})=0$,$(m'_{ji})=0$。

得到的初始可达矩阵如表 3-3 所示。

表 3-3 初始可达矩阵

	S_0	S_1	S_2	S_3	S_4	S_5	S_6	S_7	S_8	S_9	S_{10}	S_{11}
S_0	0	0	0	0	0	0	0	0	0	0	0	0
S_1	1	0	0	0	1	0	0	0	0	0	1	1
S_2	1	0	0	0	1	0	0	1	0	1	1	1
S_3	1	0	0	0	0	0	0	1	0	0	1	1
S_4	1	0	0	0	0	0	0	0	0	0	1	1
S_5	1	0	0	0	0	0	0	0	1	0	1	0
S_6	1	1	0	0	0	1	0	1	1	0	1	1
S_7	1	0	0	0	0	0	0	0	0	0	1	0
S_8	1	0	0	0	0	1	0	0	0	0	1	0
S_9	1	0	0	0	0	0	0	0	0	0	1	0
S_{10}	1	0	0	0	0	0	0	0	0	0	0	1
S_{11}	1	0	0	0	0	0	0	0	0	0	0	0

2. 最终可达矩阵

最终可达矩阵表示影响因素之间的相互连通程度，从数学的方法来说，可以在得到初始可达矩阵 $\boldsymbol{M}'$后，再求得 $\boldsymbol{M}'$与单位矩阵 $\boldsymbol{I}$ 的和 $\boldsymbol{M}'+\boldsymbol{I}$，做矩阵 $\boldsymbol{M}'+\boldsymbol{I}$ 的幂运算，直到以下公式成立为止，得到某一正整数 n。

$$\boldsymbol{M}=(\boldsymbol{M}'+\boldsymbol{I})^{n+1}=(\boldsymbol{M}'+\boldsymbol{I})^{n}\neq\cdots\neq(\boldsymbol{M}'+\boldsymbol{I})^{2}\neq(\boldsymbol{M}'+\boldsymbol{I}) \tag{3-1}$$

上式中矩阵的幂指数运算是基于布尔代数进行的，即

$$1+1=1,1+0=1,0+0=0,1*1=1$$

矩阵 $\boldsymbol{M}=(\boldsymbol{M}'+\boldsymbol{I})^{n}$ 称为可达矩阵，其中的元素 m_{ij} 为 1 代表元素 S_i 到元素 S_j 间存在着可到达的路径，即元素 S_i 直接或间接影响要素 S_j，由此，可达矩阵表征了元素之间直接或间接的关系。

当 $n=4$ 时，可以通过合并传递性得到海装制造企业项目决策系统的最终可达矩阵，如表 3-4 所示。

表 3-4 最终可达矩阵

	S_0	S_1	S_2	S_3	S_4	S_5	S_6	S_7	S_8	S_9	S_{10}	S_{11}
S_0	1	0	0	0	0	0	0	0	0	0	0	0
S_1	1	1	0	0	1	0	0	0	0	0	1	1

表 3－4(续)

	S_0	S_1	S_2	S_3	S_4	S_5	S_6	S_7	S_3	S_9	S_{10}	S_{11}
S_2	1	0	1	0	1	0	0	1	0	1	1	1
S_3	1	0	0	1	0	0	0	1	0	0	1	1
S_4	1	0	0	0	1	0	0	0	0	0	1	1
S_5	1	0	0	0	0	1	0	0	1	0	1	0
S_6	1	1	0	0	0	1	1	1	1	0	1	1
S_7	1	0	0	0	0	0	0	1	0	0	1	0
S_8	1	0	0	0	0	1	0	0	1	0	1	0
S_9	1	0	0	0	0	0	0	0	0	1	1	0
S_{10}	1	0	0	0	0	0	0	0	0	0	1	1
S_{11}	1	0	0	0	0	0	0	0	0	0	0	1

(四)对最终可达矩阵进行级间划分

本部分对最终可达矩阵进行区域划分和级间划分以及强连通块划分。各要素的可达集 $R(S_i)$、前因集 $A(S_i)$ 以及最高级要素集 $R(S_i)\cap A(S_j)$ 如下：

可达集：要素 S_i 可以到达的要素集合定义为要素 S_i 的可达集，用 $R(S_j)R(S_i)$ 表示，由可达矩阵中第 S_i 行中所有矩阵要素为 1 的列所对应的要素组成。

$$R(S_i)=\{S_j \mid S_j\in n, m_{ij}=1\} \tag{3-2}$$

前因集：可以到达要素 S_i 的要素集合定义为要素 S_i 的前因集，用 $A(S_i)A(S_j)$ 表示，由可达矩阵中第 S_i 列中的所有矩阵要素为 1 的行所对应的要素组成。

$$A(S_j)=\{S_i \mid S_i\in n, m_{ji}=1\} \tag{3-3}$$

最高级要素集：最高级要素集是一个多级递阶结构的最高要素级，是指除了可以到达自己本身外，不能到达其他要素的要素组成的集合。其可达集 $R(S_j)R(S_i)$ 中只包含它本身的要素集，而前因集中，除包含要素 S_i 本身外，还包括可以到达它的下一级要素。

若 $T=\{S_i \mid S_i\in n, R(S_i)\cap A(S_j)=A(S_j)\}$，则 T 即为最高要素集。

首先，我们需要寻找各级的最高级要素。

第一级的可达集与前因集的表示如表 3－5 所示。

表 3-5　第一级的可达集与前因集

S_i	$R(S_i)$	$A(S_i)$	$R(S_i)\cap A(S_j)$
S_0	0	0,1,2,3,4,5,6,7,8,9,10,11	0
S_1	0,1,6	1,4,10,11	1
S_2	0,2,4,7,9,10,11	2	2
S_3	0,3,7,10,11	3	3
S_4	0,4,10,11	1,2,4	4
S_5	0,5,8,10	5,6,8	5,8
S_6	0,1,5,6,7,8,10,11	6	6
S_7	0,7,10	2,3,6,7	7
S_8	0,5,8,10	5,6,8	8
S_9	0,9,10	2,9	9
S_{10}	0,10,11	1,2,3,4,5,6,7,8,9,10,11	10,11
S_{11}	0,11	1,2,3,4,6,10,11	11

在该级中只有 $R(S_0)\cap A(S_0)=R(S_0)$，因此该层级确定的该级最高级要素 0，则第一层最高级要素为 $\{S_0\}\{S_0\}$，划去可达矩阵中 S_0 所对应的行和列，得到第二级的可达集与前因集，如表 3-6 所示。

表 3-6　第二级的可达集与前因集

S_i	$R(S_i)$	$A(S_i)$	$R(S_i)\cap A(S_j)$
S_1	1,6	1,4,10,11	1
S_2	2,4,7,9,10,11	2	2
S_3	3,7,10,11	3	3
S_4	4,10,11	1,2,4	4
S_5	5,8,10	5,6,8	5,8
S_6	1,5,6,7,8,10,11	6	6
S_7	7,10	2,3,6,7	7
S_8	5,8,10	5,6,8	8
S_9	9,10	2,9	9
S_{10}	10,11	1,2,3,4,5,6,7,8,9,10,11	10,11
S_{11}	11	1,2,3,4,6,10,11	11

根据以上方法，在第二级中存在两个要素 10，11，使得 $R(S_{10})\cap A(S_{10})=R(S_{10})$、$R(S_{11})\cap A(S_{11})=R(S_{11})$，则得到第二级中对应的两个最高级要素 S_{10}，S_{11}。

同理，得到第三级的可达集与前因集，如表 3－7 所示。

表 3－7 第三级可达集与前因集

S_i	$R(S_i)$	$A(S_i)$	$R(S_i)\cap A(S_j)$
S_1	1，6	1，4	1
S_2	2，4，7，9	2	2
S_3	3，7	3，7	3
S_4	4	4	4
S_5	5	5	5
S_6	1，5，6，7，8	6	6
S_7	7	7	7
S_8	8	8	8
S_9	8	8	9

在该级中，可以看到对于 S_4，S_5，S_7，S_8，S_9 来说，均有 $R(S_i)\cap A(S_i)=R(S_i)$。故可以得到第三级要素集合为 $\{S_1,S_3,S_5,S_6,S_{10}\}$。

继续以上的方法，我们可以得到第四级的可达集与前因集，如表 3－8 所示。

表 3－8 第四级的可达集与前因集

S_i	$R(S_i)$	$A(S_i)$	$R(S_i)\cap A(S_j)$
S_1	1	1	1
S_2	2	2	2
S_3	3	3	3
S_6	6	6	6

由表 3－8 中，可以得到最底一层要素的集合 $\{S_2,S_4,S_7\}$

经过级间划分的可达矩阵如表 3－9 所示。

表 3－9 经过级间划分后的可达矩阵

	S_0	S_{10}	S_{11}	S_4	S_5	S_7	S_8	S_9	S_1	S_2	S_3	S_6	层次
S_0	1	0	0	0	0	0	0	0	0	0	0	0	1
S_{10}	1	1	1	0	0	0	0	0	0	0	0	0	2
S_{11}	1	1	1	0	0	0	0	0	0	0	0	0	
S_4	1	1	1	1	0	0	0	0	0	0	0	0	3
S_5	1	1	0	0	1	0	1	0	0	0	0	0	
S_7	1	1	0	0	0	1	0	0	0	0	0	0	
S_8	1	1	0	0	1	0	1	0	0	0	0	0	
S_9	1	1	0	0	0	0	0	1	0	0	0	0	
S_1	1	1	1	1	0	0	0	0	1	0	0	0	4
S_2	1	1	1	1	0	1	0	1	0	1	0	0	
S_3	1	1	1	0	0	1	0	0	0	0	1	0	
S_6	1	1	1	0	1	1	1	0	1	0	0	1	

（五）构建结构模型

结构模型如图 3－4 所示。

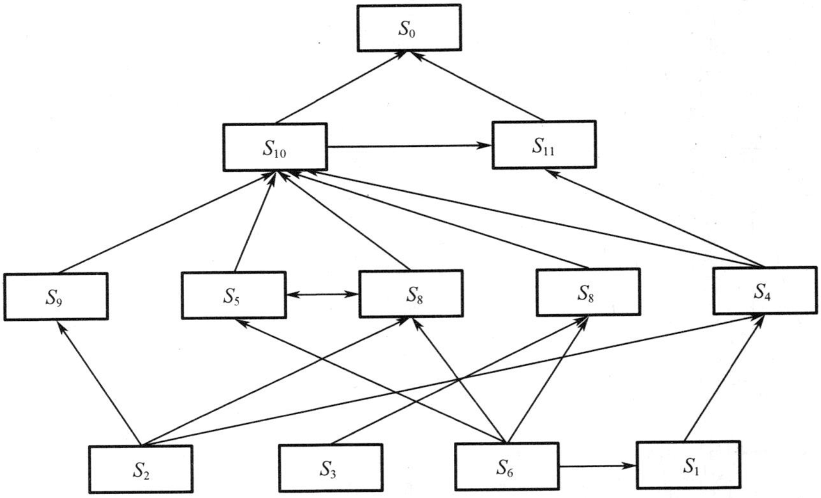

图 3－4 结构模型

（六）构建解释结构模型

根据结构模型，构建解释结构模型，如图3－5所示。

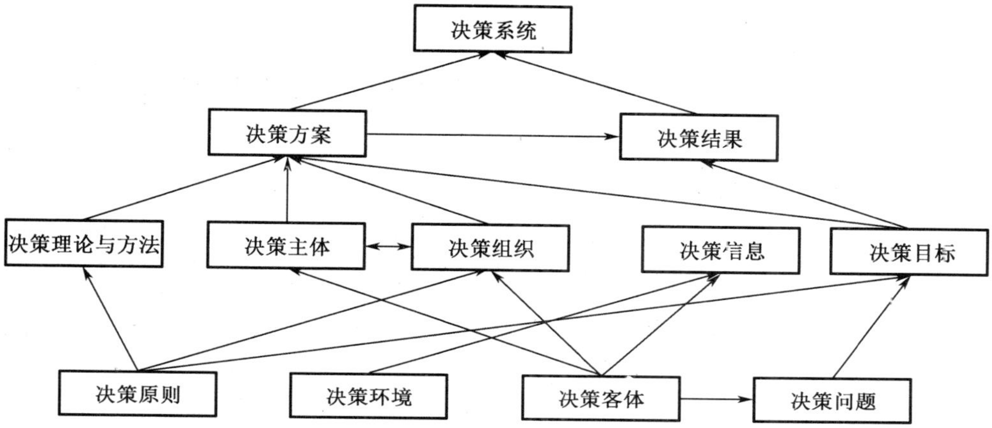

图3－5 海装制造企业项目决策系统构成要素解释结构模型

（七）海装制造企业解释结构模型分析

由图3－5可知，海装制造企业项目决策系统是一个具有四级的多级递阶结构，最底一层级的构成要素有四个，分别是决策原则、决策环境、决策客体、决策问题；系统紧密相连的较为宏观整体的两个要素分别是决策方案和决策结果；同样，位于第三层次的五个要素，分别是决策主体、决策组织、决策目标、决策信息以及决策理论与方法。

通过图3－5可以看出，决策原则、决策环境、决策客体、决策问题对决策系统的影响较小，其中决策原则、决策问题直接影响决策目标；决策环境、决策客体直接影响决策信息；决策原则对决策理论与方法和决策组织都有影响；决策客体还影响决策问题和决策主体；决策主体与决策组织之间相互影响且都作用于决策方案；决策方案被决策理论与方法所影响；决策目标影响决策结果；决策结果、决策方案都直接影响决策系统，且决策方案也直接影响决策结果。

解释结构模型分析对本书之后构建我国海装制造企业项目决策系统的运行绩效评价指标体系时的指标选择具有一定分析与借鉴。

第四章　我国海装制造企业项目决策系统模型的构建

第一节　我国海装制造企业项目决策系统的构建思想

一、我国海装制造企业项目决策系统的构成原理

海装制造企业项目决策系统是一个复杂的以目标为导向的系统。它的五个子系统，即决策制定子系统、决策执行子系统、决策评价子系统、决策支持子系统和决策监督子系统，能够在决策过程中快速自主地进行实时交流与切换。

对于海装制造企业项目决策系统而言，作为系统与外部的接口，其输入、输出两部分虽然至关重要，但往往较为简单，通常只需要对信息进行传输即可，而对信息的筛选、甄别、分析、处理、融合、再生都需要在决策系统内部进行，决策系统内部的构造则是我们需要研究的重点。根据对海装制造企业项目决策系统的研究，我们将系统按照不同的功能拆解成五个子系统。其中，决策制定子系统和决策执行子系统两个子系统是决策系统的主要支撑，决策中最为重要的两个环节分别取决于这两个子系统的运作，可以说，这两个子系统是决策系统的心脏。然而，这两个子系统并不是孤立存在的，在运行时需要其他子系统的辅助，我们把决策评价子系统、决策支持子系统、决策监督子系统统称为决策辅助子系统。这三者之间的关系如图 4 – 1 所示。

决策辅助子系统对决策制定子系统和决策执行子系统起到辅助作用、进行消息传递的同时，决策辅助子系统的三个部分之间也存在着大量相互制约、相互反馈的信息交流。

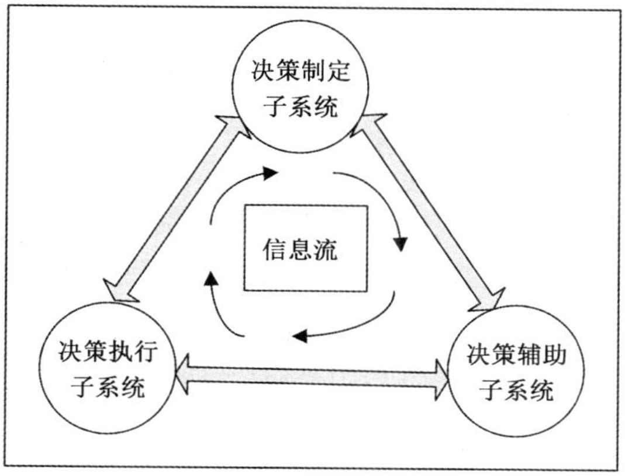

图4－1　决策制定子系统、决策执行子系统、决策辅助子系统三者之间的关系图

二、我国海装制造企业项目决策系统的支撑体系

海装制造企业项目决策系统的运行是以信息的流动为基础的，信息在项目决策过程中发挥着不可替代的决定性作用，信息的收集、整理和加工是项目决策的基础和前提。企业决策系统中的参与者通过对所获得的内外部环境相关信息等进行分析、综合和加工，对项目问题进行识别，根据信息确定对企业长远发展最有利的项目，并根据所掌握的竞争信息对项目的可行性和必要性进行分析，确定项目决策的价值，进而确定相应项目的决策方案。

波特在价值链理论中认为，信息是增值过程的支持因素，而不是增值的源泉。随着信息化的不断深入，信息已经成为企业价值链中新的增值生产要素。通过对海装制造企业项目决策系统不同组成部分的关联分析，可以看出信息在项目决策系统运行过程中所发挥的重要作用，信息流动贯穿于项目决策系统运行的整个过程中，并对项目的具体决策起着决定性的作用，在这个过程中，决策信息通过在决策系统运行过程中的流动，随着项目的实施实现了价值的增值过程。本书构建的海装制造企业项目决策系统运行的信息支持模型如图4－2所示。

从图4－2中可以看出，项目决策系统运行的过程中信息流通主要活动包括信息收集、信息加工、信息利用和信息反馈。信息的收集过程包括了信息监测和信息获取，它是信息价值的初始阶段。信息的加工过程包括信息处理和信息传递，而信息的利用过程则更针对于项目决策的制定与实施。

信息在海装制造企业项目决策系统运行的过程中贯穿于项目的决策始终，参与企业决策，构成了企业的虚拟决策系统。在这个虚拟决策系统中信息最初被信息收集者收集、整理、加工而进入项目决策系统的运行过程，然后对项目问题进行

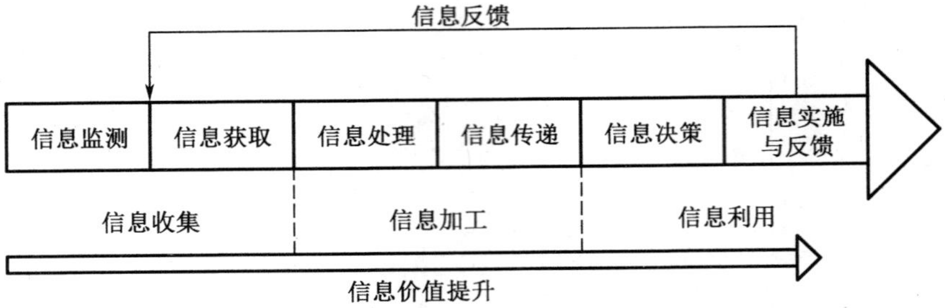

图 4－2　海装制造企业项目决策系统运行的决策信息支持模型

识别，利用信息流中的宏观环境信息、产业环境信息以及企业内部信息对项目的环境进行分析，同时对项目决策可能出现的结果进行预测。根据预测的结果，决策主体对项目进行的可行性进行评价，确定项目的决策价值。根据项目的预测结果及决策价值的确定，界定项目的决策目标。在此项目决策系统运行的准备阶段中，信息从最初零散、无序的要素，在经过决策主体的加工、组织、整合、集成后，成为增值信息，实现了信息的第一次增值。信息经过项目决策系统运行的准备阶段，进入决策制定阶段，在这个阶段中，决策主体根据项目信息拟订项目决策的备选方案，同时依据一定的决策评价方法对项目进行选择，从中选择出最优的项目决策方案。在这个过程中实现了信息的第二次增值。信息经过两次增值，帮助企业在项目决策过程中确定项目最终决策方案，创造了价值。同时，信息流进入项目决策系统运行的实施与反馈阶段。在这个阶段中信息以多种方式输出，一方面对项目决策的评价提供依据，另一方面又将决策实施的结果情况以反馈信息的形式向前一过程反馈，以便能够对决策过程进行修正，并提出改善项目决策的具体对策。

通过对海装制造企业项目决策系统运行信息支持模型的分析，可以看出，信息支持模型是企业项目决策中其他要素与信息要素高度整合与集成的结果，是海装制造企业决策创造附加价值的源泉。

由此，我们可以分析得出决策各子系统之间的信息相互传递关系，如图 4－3 所示。

三、我国海装制造企业项目决策系统的逻辑体系

海装制造企业项目决策系统的逻辑体系是指在项目决策的每一工作阶段，使用系统思维的方式来思考和解决问题时的思维过程。对项目决策系统逻辑的研究具体体现在对决策的逻辑体系的研究，项目决策系统逻辑的思维过程其实可以理解为对于决策运行程序的解读。在决策系统的整体运行程序中，决策监督、决策支持两种子系统作用于决策全过程之中，决策制定子系统主要作用于备选方案的评价与选择过程，决策执行子系统主要作用于决策实施与反馈阶段，决策评价子系统

主要作用于决策方案确定及执行之后。在以下章节里,我们将分别对各个子系统进行分析论述。

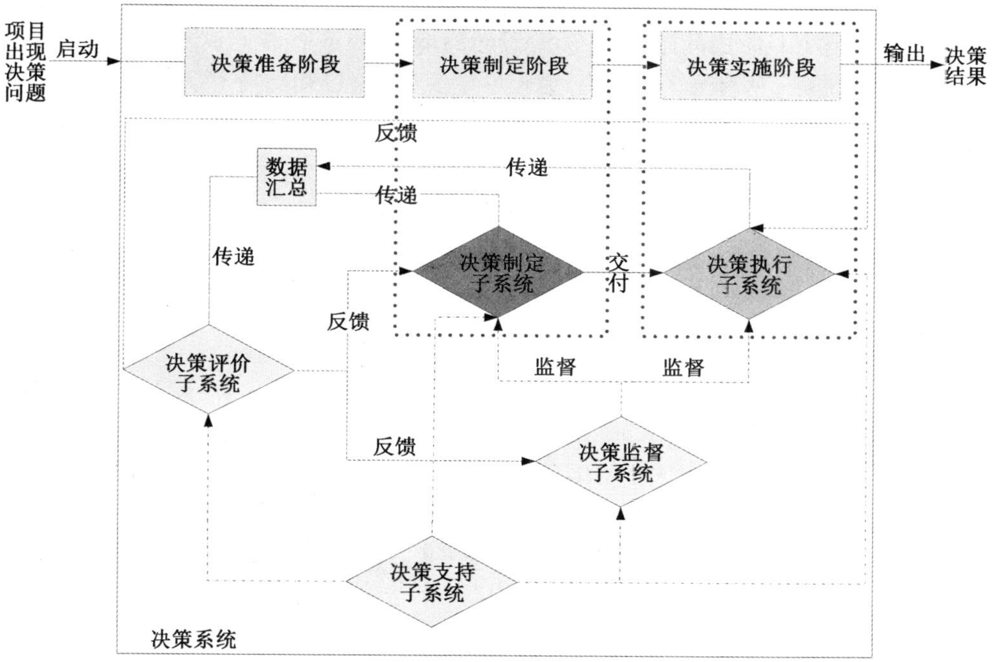

图 4－3　决策各子系统之间的信息传递关系图

第二节　我国海装制造企业项目决策系统的子系统构成

一、决策制定子系统

决策制定子系统是决策系统的核心组成部分,它集成了其他各种子系统的信息数据,并将其整合,最终形成了相关方案。可以说,决策制定子系统在决策系统中起到了一锤定音的效果。决策制定子系统最终输出的方案是否科学有效极大程度地影响了最终决策的结果。

海装制造企业项目决策系统的决策制定子系统主要的决策行为由相应层级的管理者进行,在决策制定子系统构成中,其主要流程如图 4－4 所示。从图 4－4 中可以看出,决策制定子系统中决策主体利用决策理论与方法,根据内部、外部综合形成的决策信息,针对决策客体制订出令人满意的几套备选方案;继而经过决策评价子系统的整体评估，决策主体从几套备选方案中选择出令人满意的方案，并将其形成可行的执行方案输出系统。我们还可以从图 4－4 中看出，决策制定子系统与其他子系统并不是完全割裂的，决策制定子系统输出的阶段性方案，将交付决策执行子系统进行下一阶段的施行，称为阶段性决策；而决策监督子系统和决策支持子系统与决策制定子系统也存在着一定程度的交互，监督和支持着决策制定子系统的运行。

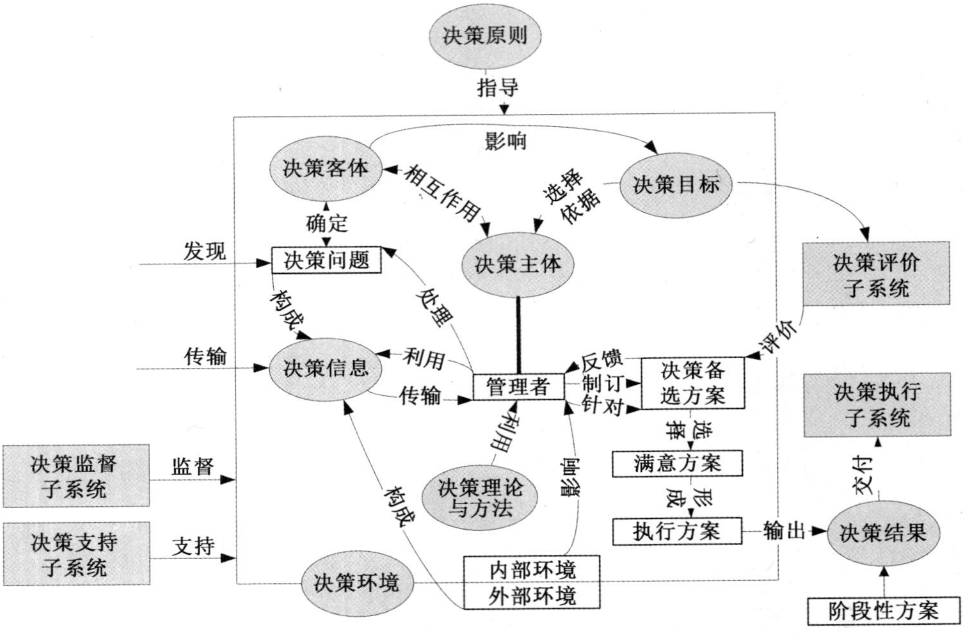

图 4－4　决策制定子系统

二、决策支持子系统

决策支持子系统是决策系统的辅助部分之一，它对于决策系统的运行过程起支撑作用。我们将决策支持子系统主要分为两个方面：其一，是工具、方法对于决策的辅助作用；其二，是人对于决策的辅助作用。

如图 4－5 所示，决策支持子系统主要有两种支持作用。左半部分为工具、方法对于决策的支持作用，主要包括计算机、智能手机等硬件以及相关的信息化管理平台、软件对于决策的支持作用。随着全球信息化的浪潮，信息化已经成为全球工业发展的必然趋势，这种支持作用可以概括为信息化支持。信息化的普及与应用对于提高决策质量和决策效率有重要帮助。右半部分主要指一些项目之外的人员对于决策过程起到的支持和帮助。海装项目是一个复杂的系统，规模大、联系广、结构复杂,面对这样的决策客体,需要从经济价值、社会效果、环境影响、组织结构等方面进行周密的设计、分析。面对诸多纷繁复杂的问题,尤其其中还不乏大量的专业化或者宏观层面(如行业、国家金融等)的问题,这样仅仅凭借项目内部的决策人员还远远不够,必须借助各种咨询组织、专家们的力量,充分发挥其"外脑""智囊"的作用。

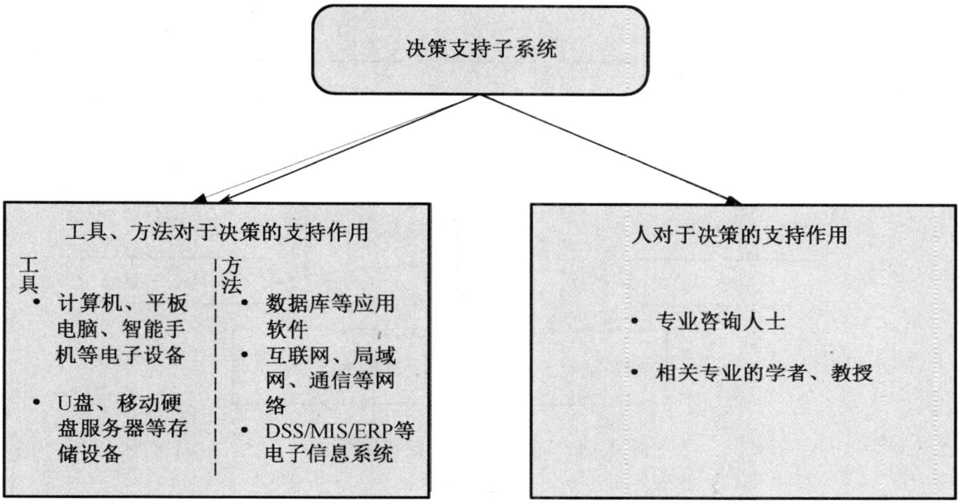

图 4－5　决策支持子系统的两种支持作用

海装制造企业项目决策系统的决策支持子系统,其决策行为主要通过与决策主体发生交互产生辅助作用,其主要流程如图 4－6 所示。从图 4－6 中可以看出,决策原则、决策目标、决策问题、决策信息作为决策支持子系统的输入参数,影响着决策支持子系统的输出。决策支持子系统按照功能分为两个部分:其一,是信息化支持,它对决策主体起到辅助决策的作用;其二,是外脑支持,它既需要与决策主体进行沟通交互,又产生新的信息与原有信息重新融合影响决策主体的决策过程。此外,决策支持子系统也是通过决策主体与其他子系统相互联结,所谓的决策支持子系统支持决策过程的所有环节均起到支持作用,也是通过决策主体完成的。

三、决策执行子系统

决策执行子系统是决策系统最重要的两个子系统之一,它是决策落实必须经过的环节,是决策从理论面向实际的接口。缺乏决策执行子系统的决策系统属于"纸上谈兵",并不具备切实的意义。同时,决策执行子系统的执行效果才是贯彻决策方案、实现决策目标的直接步骤。

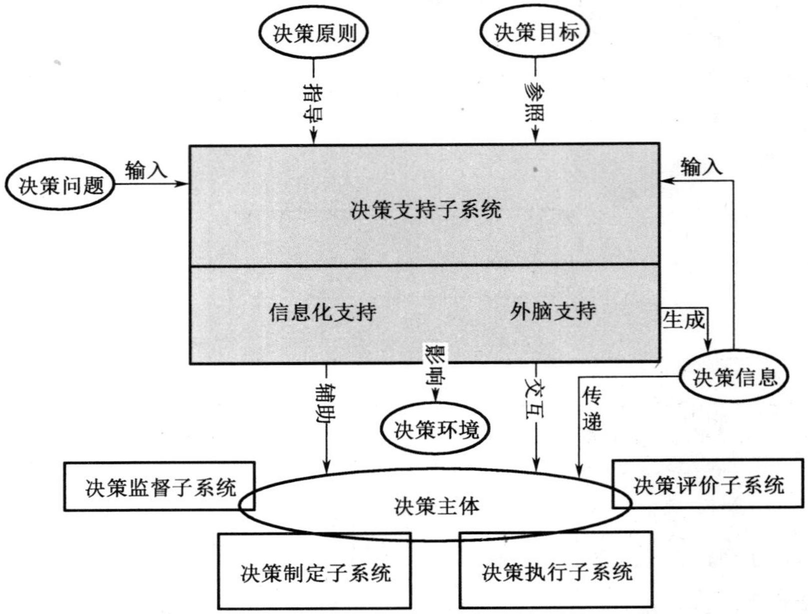

图 4－6　决策支持子系统流程图

决策执行子系统相对简单，核心的部分即为决策主体中的决策执行者根据决策制定子系统提供的决策执行方案作用于决策客体的过程。在决策执行过程中，有两个环节格外重要。其一，是对于决策执行过程本身效果的研究，执行决策需要积极坚决的态度，做到坚定执行决策方案。一丝一毫的折扣都可能导致最终的结果与预计目标的较大偏差，在此种情况下，会对分析问题产生一定的难度，不确定决策偏差来自决策方案的失误还是决策执行的疏忽。此时，则需要决策监督子系统的介入，对人员行动进行监管，保证决策实施质量。其二，是决策执行的效果，决策执行的效果直接传递至决策评价子系统，当决策执行出现些微偏差时，决策评价子系统将其评价结果反馈至决策执行过程，要求对执行方案或执行流程进行调整。一旦决策执行出现较大偏差，在决策执行子系统内部无法完全矫正，则需要将决策评价结果直接反馈至决策制定子系统，分析决策方案制订时出现的失误，找出导致方案效果不良或不可行的原因。决策执行子系统流程如图 4－7 所示。

四、决策监督子系统

决策监督子系统是决策系统的辅助子系统之一，它的功能是随时监督项目决策的进行，确保决策系统的正常运转，及时发现项目决策中出现的各种问题。决策监督子系统主要由决策主体中的决策监督者实行，同时参与决策的各种决策主体

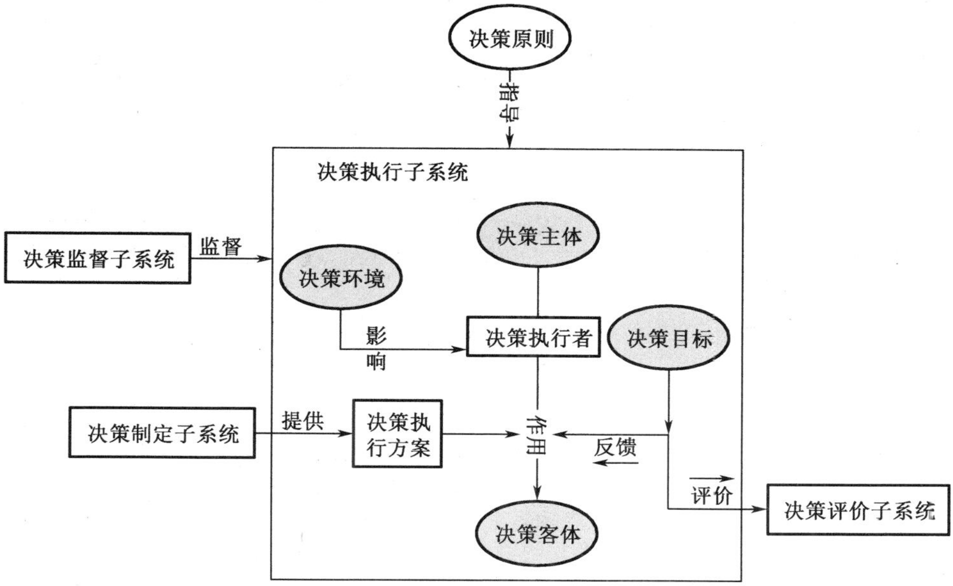

图4－7　决策执行子系统流程图

都有参与决策监督的责任和权力。

决策监督子系统在决策系统及其运行中的作用可以归纳为以下几点：首先，防止决策过程中出现的决策主体违规行为，如滥用决策权、不按决策制度操作等；其次，避免决策系统运行中出现偏差，偏离决策原则或者运转失效。

我们将决策监督子系统监管的范围归纳为以下几点：

(1)决策系统自行运转过程中出现的决策偏差，偏离决策原则或者运转失灵；

(2)决策主体在决策过程中出现的违纪行为；

(3)监控决策全过程，外部环境发生的变化以及项目进行中新出现的问题。

决策监督子系统往往不需要了解太多具体决策过程中涉及的决策信息或者决策目标，只需要掌握决策原则的大方向、科学的决策方法以及影响决策系统运行的外部时变的决策环境等，如图4－8所示。

五、决策评价子系统

决策评价子系统是决策系统必不可少的组成部分，它属于决策的辅助子系统之一。决策评价子系统往往针对决策的方案或者阶段性结果加以评价，并将评价结果反馈到其他子系统中，供其他子系统及时对决策方案进行调整或者改进。决策评价子系统的流程图如图4－9所示。从图4－9中可以看到决策主体中的评价机构利用科学的决策理论和方法，按照决策目标的引导，对于决策方案或者决策结

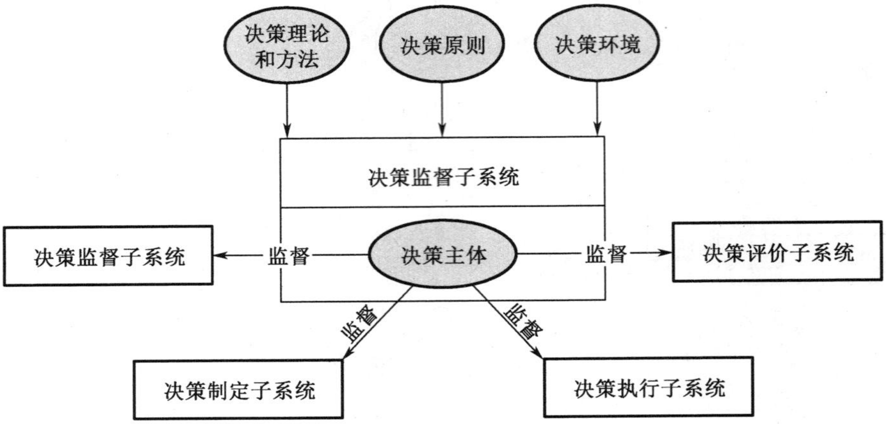

图 4－8　决策监督子系统流程图

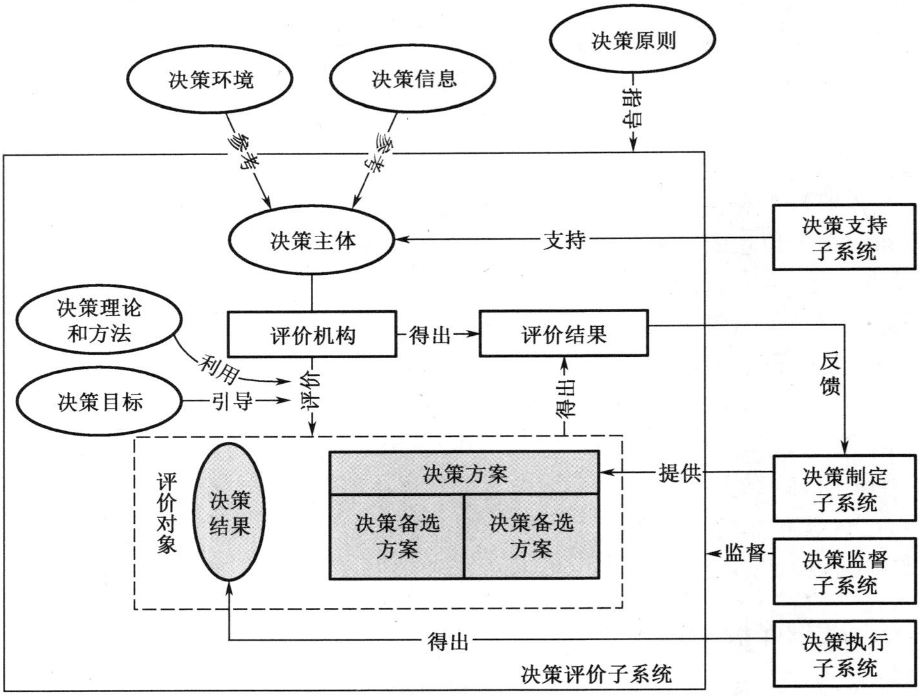

图 4－9　决策评价子系统流程图

果进行评价，并将评价结果反馈至决策制定子系统或者决策执行子系统的过程。在决策评价子系统的运转过程中，决策原则起到了指导的作用，决策环境、决策信息并不直接参与决策评价，只是对于评价机构起到了参考的作用，以便提出更加科学合理的决策。同时，决策支持子系统对决策评价子系统起到了支持作用，决策监督子系统对决策评价子系统起到了监督作用。

海装制造企业项目决策系统中的决策评价子系统，主要决策行为由决策主体中的决策评价机构完成。评价的对象主要包括两个组成部分。其一，是对决策方案的评价。决策方案既包括在决策制定过程中对于备选方案的评价，也包括在决策制定过程以及决策执行过程中对于决策执行方案的评价。其二，是对决策结果的评价。决策结果通常是指决策过程一个循环之后或者是决策系统运行一周之后得到阶段性结果，对于决策结果的评价。一方面要看到决策执行之后得到的收益绩效；另一方面也要看到决策执行结果与决策目标之间的差异，并找到差异存在的原因。

决策评价子系统中除了决策评价这一过程之外，还包括至关重要的反馈环节。反馈环节是将输出因素重新输入到系统中的过程。在决策过程中，反馈环节将决策评价子系统中输出的评价结果反馈至其他子系统中，对其他决策子系统的运转过程起到辅助及修正的作用。反馈属于一种动态的控制方式，充分反映了系统的动态特性。其具体的反馈流程图如图 4 – 10 所示。

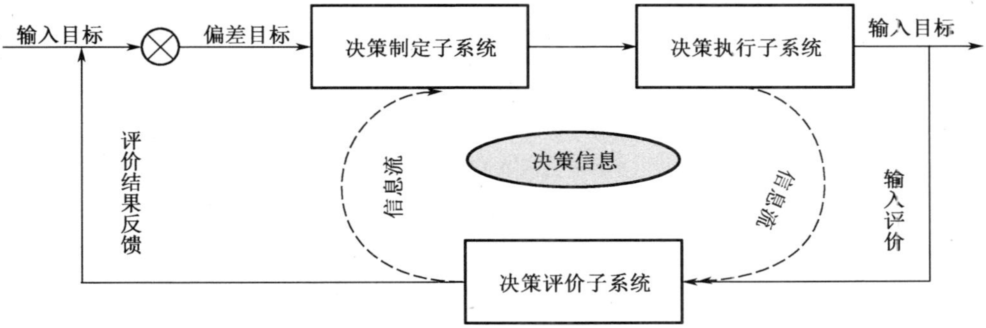

图 4 – 10　决策系统反馈流程图

从图 4 – 10 中可以看出，决策评价子系统的存在使得决策系统形成了一个闭环的结构。当决策系统启动时，通过这种反馈的系统可以促进子系统之间快速的切换和流转运行，实现了决策的快速反应，及时应对决策过程中的突发问题以及环境的时变性，保证了决策的高效性，使整体决策目标实现最优化，增强了整个决策系统的稳定性。

第三节　我国海装制造企业项目决策系统的决策运行程序分析

项目决策系统的运行程序分析是整个决策系统的重中之重,所有构成要素都在此进行运行。

赫伯特·A. 西蒙曾对决策的程序进行了深入系统的研究,他指出决策的程序一般来说包括情报活动、设计活动、抉择活动以及审查活动四个阶段。

情报活动是决策程序的第一个阶段,是通过对环境的初步探查和勘测,根据初步设想的目标收集情报,找寻制定决策的依据。

设计活动是决策程序的第二个阶段,是根据在第一阶段收集到的情报,以解决企业所面临的重大问题为目标,设计出各种可能采取的决策计划,并对每一种决策计划进行得失和利弊的评估。也就是说,这一阶段的核心任务就是通过创造、制订决策方案,分析出可能采取的方案。

抉择活动是决策程序的第三个阶段,在这个阶段中要根据当时的情况和对未来的预测以及现有备选方案中的评价,按照一定的可行标准选择出一个最终的决策计划。也就是说,这个阶段的核心在于在若干可行的方案中选择最能够有效解决并带来最多收益的最优的决策方案。

决策程序的第四个阶段是审查活动,这一阶段主要是对过去的决策进行评价。在本阶段中,根据实际发展进程和行动阀杆的比较,评价决策的质量,即主观符合客观的程度,以便改进后继续决策。

同时,他还指出,在企业实际决策过程中,四个阶段并不是按照顺序依次完成的,经常需要返回到以前的阶段。例如,进行设计或抉择决策时会发现情报并不充分,需要继续收集情报;决策抉择时会发现原来设计的方案不够完善,即需要对方案进行调整与改进。而且,这四个阶段中的每一个阶段,还可以继续细分成更小的阶段,这里不进行详述。

本书对海装制造企业项目决策系统运行过程的研究以赫伯特·A. 西蒙的研究成果为基础,结合海装制造企业发展的具体实践,将其项目决策系统运行过程分成三大阶段,即项目决策系统运行的准备阶段、决策制定阶段、决策实施与反馈阶段。具体运行过程如图 4 - 11 所示。

从图 4 - 11 中可以分析得出,在海装制造企业项目决策系统中,整个决策系统的运行程序离不开各个决策子系统的参与,不同的决策子系统相互配合、有机运转,共同构成了一个完整的逻辑体系。项目决策系统运行的准备阶段包括对问题的识别、环境分析与决策过程、确定决策价值、确定决策目标;决策制定阶段包括拟订备选方案以及备选方案评价与选择，该阶段是决策系统运行的核心环节；实施与反馈阶段包括制订实施计划、决策实施以及决策评价与反馈。同时，决策系统的运行还是一个循环的动态过程，如果在决策的实施与反馈阶段决策评价不理想，那么就需要对问题的再一次识别，重新启动决策系统的运行，拟订新的决策方案对原项目决策进行修正或补救，以确保项目能够顺利实施。

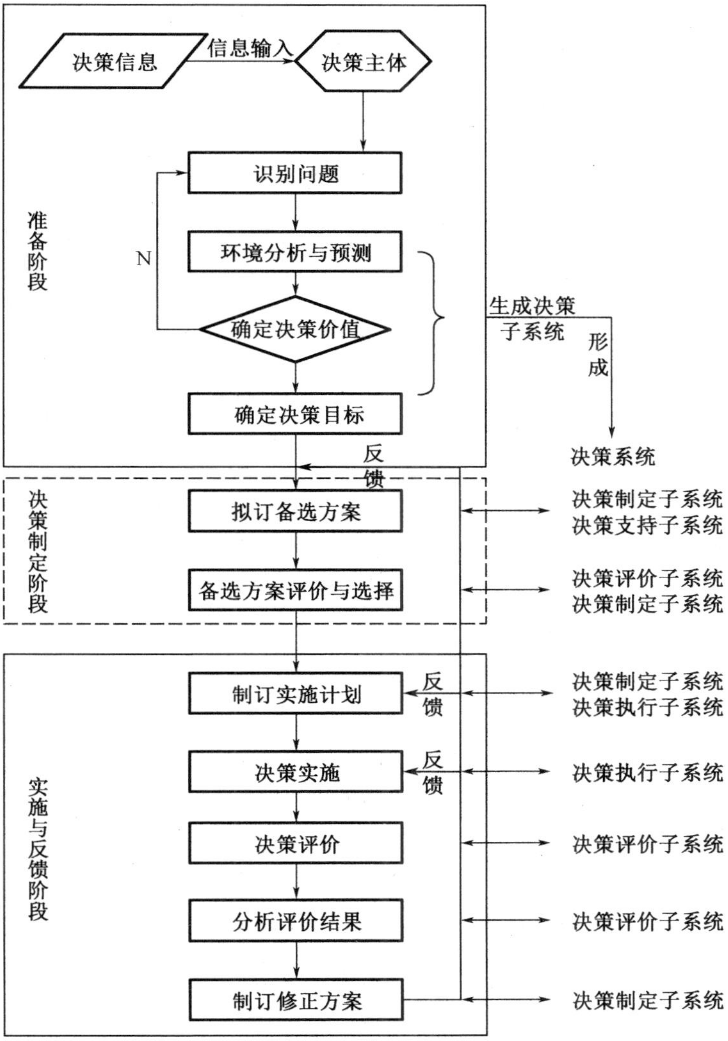

图 4－11　海装制造企业项目决策系统的运行过程图

一、我国海装制造企业项目决策系统运行程序的准备阶段

（一）决策主体的确定

在项目决策系统运行程序的准备阶段，各决策主体之间的关系可以用图4－12来表示。

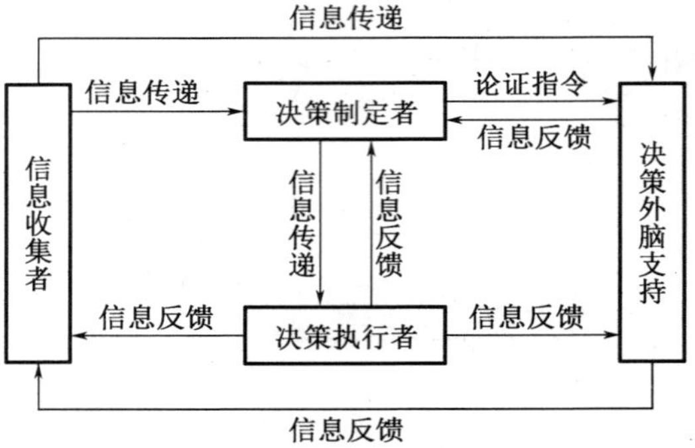

图4－12　决策主体之间的关系图

从图4－12中可以看出，信息收集者通过收集信息对项目决策问题进行识别，向决策制定者传递信息，决策制定者制订备选决策方案，向决策外脑支持发布论证指令，由决策外脑支持对决策进行论证并将论证结果信息传递给决策制定者。若项目实施方案中有可行决策，那么决策制定者选择最优决策方案，由决策执行者执行决策，决策执行者将决策实施的相关信息反馈给决策外脑支持、信息收集者，对项目决策结果进行反馈和修正；若项目实施方案中没有可行方案，决策外脑支持将论证信息分别反馈给信息收集者与决策制定者，由信息收集者对项目决策问题进行信息补充，由决策制定者重新制订决策备选方案……如此往复，直至项目决策顺利实施，并实现决策主体的预期目标。

（二）项目决策问题识别

海装制造企业项目决策问题的识别是项目决策系统中比较集中的情报活动阶段，也是决策主体的重要活动阶段，需要花费决策主体较多的时间。在这个阶段中，信息收集者通过对行业信息、政策信息、竞争对手信息等海洋工程装备制造领域内的信息的收集、筛选、整理和加工，对项目决策问题进行识别和确定。信息收集者所获信息的数量和质量直接影响到项目决策问题的质量。项目决策问题识别也是企业发现市场机遇、抓住市场机遇的重要手段，信息收集者对项目决策问题的识别具体包括确认问题阶段、选择问题阶段和界定问题阶段。

1. 确认问题

在本书的研究中,海装制造企业项目中的问题,既包括企业发展中存在的问题也包括企业在发展中可能会遇到的问题。信息收集者通过对企业所面临的内外部环境中的有效信息的收集,并对信息进行加工和整理,分析企业现有项目中存在的问题或者是对环境中存在的机遇问题进行分析,从而整合信息形成对企业发展有益的若干问题,这些问题中又有若干问题具有可以在现有条件下转化为企业项目的发展潜力。

2. 选择问题

信息收集者提出了若干问题,决策制定者与决策论证组织进行协商,选择出与项目决策发展潜力相关的决策问题,并进行详尽的分析,从中划分出程序性问题(常规性决策问题,此类问题有例行决策程序参考进行决策)和非程序性问题(偶发或特殊性决策问题,此类问题无程序化方案,需要根据实际情况进行决策)。

3. 界定问题

在对问题进行选择之后要对问题的性质进行界定,准确查明问题产生的原因、发展的潜力,找出产生问题的预期变化,确定项目的具体内容。

(三)项目环境分析与预测

企业的发展是在一定的市场竞争环境中实现的,环境直接影响着决策主体对项目决策制定和实施的过程,决策主体如果能够正确对环境进行分析,准确识别出环境中的危险信号和机遇信号,就能够在动态环境情境下避免企业决策走入困境,快速作出有效的项目优化决策。因此,在项目决策系统运行的准备阶段,决策主体对项目环境的分析与预测就显得尤为重要。如果决策主体通过分析认为现在的企业竞争环境不适合于企业进行该项目,或者虽然当前进行该项目的环境比较好,但是企业自身的条件不能承担,无论出现以上两种情况中的哪一种,决策主体都应对项目进行重新界定。

1. 项目环境分析

海装制造企业项目决策系统运行的环境分析即是对企业竞争环境的分析,包括对企业所处的宏观环境、产业环境、微观环境的分析,通过对环境的分析识别出企业项目发展面临的机遇、威胁以及企业发展该项目内部存在的优势和劣势。对项目面临的宏观环境的分析包括对项目相关的上下游企业所在产业的产业政策、海洋工程装备制造产业的相关政策、宏观经济环境等因素进行分析。从产业环境的角度分析,决策主体应根据迈克尔·波特的五力竞争模型(如图 4 - 13 所示)对企业当前在行业中所处的竞争地位进行详细的分析和准确的定位,以便对企业进行项目所面临的机遇和威胁进行系统的对比与分析。在企业微观环境方面，决策主体应对企业的生产能力、财务状况等与本项目相关的物质流、资金流、信息流等进行系统梳理，定量分析企业进行项目的内部环境的优势、劣势，对企业的现有状况进行明确定位分析，同时运用 SWOT 分析法简要定性分析企业进行该项目所应采取的战略决策。

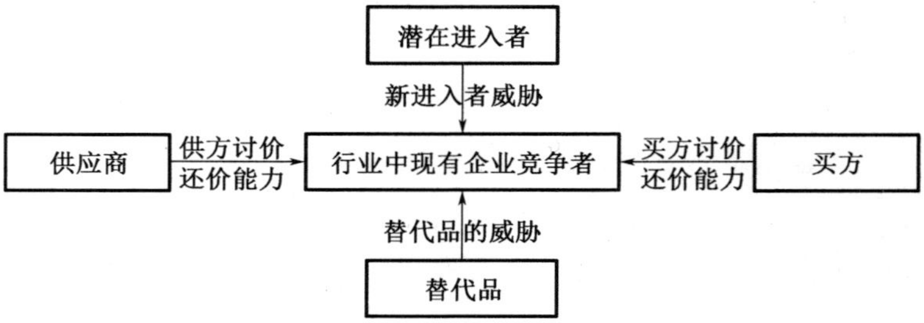

图 4－13　五力竞争模型

2. 项目预测

本书对项目进行预测的内容主要包括项目决策实施过程中出现的问题或者项目决策实施后可能出现的结果。决策主体依据企业当前的基本信息以及企业外部环境信息对这两项内容进行预测，以便能够针对项目决策实施过程中所可能出现的问题制订相应的应急预案。同时，对可能出现的结果的预测也是企业决策的重要依据，如果企业对所预测的结果较为满意，那么项目在后续的决策过程中则继续进行制定和实施过程；如果企业对所预测的结果不满意，决策主体会依据信息对问题重新进行识别，对项目进行重新定位，以便能够实现决策主体满意的项目决策实施结果。

（四）决策价值的确定

海装制造企业项目决策价值的确定主要指对项目进行的可行性分析。在对项目进行可行性分析的同时需要着重明确项目决策效益目标，主要包括项目完工后可以给企业带来的各种效益，如社会效益、经济效益等。确定项目决策价值，就是结合企业的物质状况、资源条件、所处成长阶段，根据企业具体的战略规划，通过对项目环境的分析，综合分析项目所对应主要产品的市场需求、原材料供给、销售市场、生产能力等。在此基础上，对项目投资的有效性进行分析，以减少项目决策的盲目性，这也是项目决策运行机制准备阶段的核心内容。对项目进行可行性的判断，是项目决策价值确定的重要环节，也是一项基础性的工作，在项目后续的决策备选方案制订以及决策实施阶段都具有十分重要的作用。对项目决策价值确定的依据主要包括：项目的必要性分析、项目产品的需求量预测、企业生产能力评估、项目实施进度安排、项目生产工艺需求、项目投资估算与资金筹集、项目的经济效益与社会效益评估等内容。决策主体根据对项目以上内容的预测结果进行综合的评价，从而对企业是否有能力进行该项目作出决策。

（五）决策目标的确定

决策主体通过对项目决策环境分析与预测以及对项目决策价值的确定，确定具体的实施项目，对该项目实施后所期望达到的目标和结果进行预期，作为决策项目的目标。对于海装制造企业来说，项目决策目标的确定从一定程度上来说体现了决策主体的意志和价值选择。决策目标对于整个项目决策系统运行来说，是决策系统运行的重要节点，不仅对项目决策系统运行的决策阶段产生影响，还对决策系统运行的实施与反馈阶段起着重要的监督作用，特别是决策方案的选择和项目决策实施评价。项目决策目标的确定应符合企业发展的实际情况，有根据地对目标进行确定，同时目标还应明确、具体，每个子目标都要有相关的明确解释和说明。在企业中，项目决策目标的确定往往是以企业的利润来表示的，但是由于海装制造企业在我国新型战略性产业中的重要地位，企业项目的目标可以从社会层面、企业层面两个方面来制定。在社会层面的目标更加强调企业项目进行的环境效益、生态效益和社会效益，通常包括解决社会人口就业、实现节能减排等；在企业层面的目标，则主要关注企业在项目中获得的经济效益，例如企业利润的获得、市场竞争地位的提升、市场占有率的提高、企业技术水平的提高，等等。

虽然项目决策目标可以通过社会层面目标与企业层面目标来体现，但是在项目的具体实施过程中，由于企业发展环境的复杂性和不确定性，决策的目标可能会出现动态的变化，因此项目决策系统运行过程中应该更加注重柔性决策的制定，同时决策主体也应该密切关注项目决策中的目标的动态变化，以便能够针对决策目标的变化，对下一阶段的决策系统运行过程及时进行修正。

二、我国海装制造企业项目决策系统运行程序的制定阶段

经过项目决策系统运行的准备阶段，决策主体对项目进行初步决策后就需要对项目决策进行制定，根据本书所提出的海装制造企业项目决策系统的运行过程，决策制定阶段概括来说包括备选方案的拟订、备选方案的评价与选择两个主要过程。

（一）备选方案的拟订

拟订备选方案在决策运行程序中非常关键，它是为了最终选择决策执行方案

和获得决策结果服务的。拟订备选方案可以有多种,但必须有原则上的区分,实现多方案原则是为了保障方案全面有效地解决决策问题。另外,备选方案拟订时,必须切实可行,具有可行性论证,不能超过其主客观的实施范围。

(二)备选方案的评价与选择

备选方案的评价与选择是指企业根据自身条件运用理论与评价方法对拟订的备选方案进行最优化选择。

1.备选方案的评价与选择的依据

备选方案的评价分为三部分。一是将目标进行分析,确定价值指标。指标价值分三类,即经济价值、社会价值和学术价值,且每类又可分为多项,每项又可继续细分,构成一个价值指标系统。二是价值指标分主次缓急等原则。三是评价方案的比较。相对于预期价值对各个方案进行程度、优劣等比较。

2.备选方案的评价与选择的流程

项目决策备选方案的评价与选择过程是一个多阶段的决策过程,也是决策与评价相统一的过程。具体来说,备选方案的评价与选择包括以下步骤:第一,应确定与项目决策有关的影响因素;第二,应根据所确定的项目决策影响因素对项目进行评价,并对假设和预测结果进行分析;第三,根据评价结果,提出项目评价与选择的建议;第四,进一步收集相关信息,对项目进行进一步的预算决策;第五,将收集到的信息与前期数据资料进行比对,分析以前所作出决策与评估的准确性;第六,判断项目的发展前景,并作出项目继续进行还是终止的决策。

三、我国海装制造企业项目决策系统运行程序的实施阶段

项目决策系统运行的实施与反馈阶段是在确定项目方案后,按照拟订的项目方案实施的过程,对实施的结果进行有效的评估,并对评估结果进行反馈,同时提出相应的保障措施以及提升对策。具体来说,项目决策运行程序中的实施包括决策执行计划的制订与实施、决策评价及结果分析和修正方案的制订三个子阶段。

(一)决策实施计划的制订与决策实施

项目决策实施计划的制订与实施的过程一般是对其进行项目进度管理。进度计划是关于项目中各项工作的开展顺序、开始与完成时间以及相关衔接关系的计划。通过进度计划的编制可以使项目实施形成一个有机整体。海装制造企业根据企业自身的发展目标,对决策项目中的项目工作内容进行时间段上的划分,确定各个阶段活动的开始时间、完成时间,以保障项目能够在规定的工期内完成,从而能够有效保障项目实施的时间跨度,保障项目的执行效率,进而提高企业决策的

效率。

一般来说,项目进度计划是表示项目发展中各项活动时间安排的,根据目前我国项目管理的实际情况,可以看出当前比较流行的项目进度计划制订方法有:甘特图、里程碑计划、网络计划。其中,网络计划是在项目计划、进度安排和项目控制中最重要的一种技术,关键路径法和计划评审技术是最常用的两种网络计划方法。一般在项目进度计划制订方法的选择过程中,要根据项目规模大小、项目复杂程度、项目紧急程度等因素来最终确定选择哪一种方法。一般来说,从项目的规模来看,海装制造企业的项目都比较大,任务较多,各个活动之间的关系较为复杂,因此选择网络计划技术;从项目的复杂程度来说,海装制造企业应根据具体复杂程度进行决策;从项目的紧急程度来看,在面对较强市场压力时,竞争较为激烈,企业启动该项目比较急迫,因此可以先采用简单的甘特图方法制订进度计划,随着项目的进行逐步采用较为复杂的项目进度计划决策方法。

(二)决策评价及结果分析

项目决策程序顺利运行后,项目决策得到实施,决策主体将决策实施过程中所发现的问题进行收集,对项目决策的具体实施过程进行评价,重点对项目决策实施的效果进行评价。决策评价及结果分析的流程如图 4－14 所示。

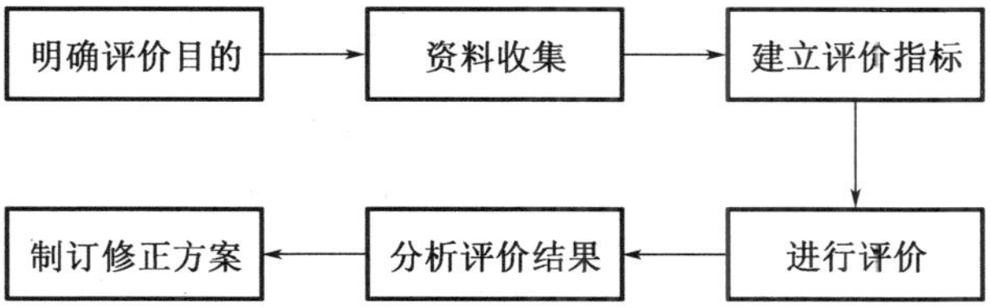

图 4－14　项目决策评价及结果分析流程图

如图 4－14 所示,项目决策的评价首先要明确评价的目的,对项目决策实施过程中所出现的问题、项目决策方法等资料进行记录,在此基础上建立相应的评价指标体系,对决策实施的效果进行评价,并对评价的结果进行详细分析。

(三)修正方案的制订

在对项目决策进行评价并对评价结果进行分析后,应有针对性地制订相应的决策修正方案,并将修正方案反馈给项目决策、实施等过程。修正方案的制订要充分考虑项目决策在评价中所出现的系统性漏洞,有针对性地提出相应的方案,对项目决策进行修正。

四、我国海装制造企业项目决策系统运行程序的反馈阶段

在海装制造企业项目决策系统的运行过程中，决策的反馈从项目决策系统运行的准备阶段就已经开始，具体体现在项目决策的各个阶段。对于项目决策不同阶段的评价结果将会回传到系统运行的相应阶段，这种回传的过程主要通过信息的传递、交互实现，信息在决策过程中的循环流动形成信息回路。但是，决策的反馈并不是项目决策系统运行的最终环节，决策的反馈是为了更好地保障项目的实施，取得预期的效果，反馈阶段贯穿于决策的全过程，通过信息的反馈实现项目决策的顺利实施。

对于项目决策的反馈应主要从以下几点着手。

(1)建立相应的制度保障，以保障在突发事件下项目决策反馈的正常进行。制度是保障企业决策制定和执行的准则。通过制定相应的制度，对决策系统、决策程序、决策跟踪反馈和责任追究等方面进行明确的制度规定，从而为企业项目决策提供原则性的指导和制度准则保障。通过制定相应的决策制度保障机制，可以保障企业项目相应决策和实施的稳定性和连续性，也能够有效避免企业领导层岗位调换等原因所引起的干扰而阻碍决策实施，防止甚至会出现的决策中止的情况。

(2)应适当扩大反馈的范围，决策反馈的过程并非只强调发现问题后的反馈，还包括对项目决策进行总结和创新。其不仅是对项目决策本身的总结，还应包括对典型的类似项目的总结。通过对项目决策的总结和创新，不仅能够有效提高项目反馈的效率，还能提高项目决策的有效性和决策效率。

(3)决策的反馈过程应按照图 4－11 所示的决策流程中的反馈进行，反馈过程是一个动态的过程，贯穿于决策的始终，只有对项目不断地反馈，不断地修正，才能保障项目能够朝着预期的方向发展。

五、决策各子系统与决策运行程序间的关系

海装制造企业项目各个决策子系统与决策运行程序间的关系如图 4－15 所示。

图 4－15 给出了海装制造企业项目决策各个子系统与决策运行程序关系图，从图中可以看出决策系统的各个构成要素也存在于决策过程的每个阶段，同时决策系统子系统主要作用在决策制定、决策实施和决策反馈三个阶段。

在决策运行程序的各个阶段中，决策原则、决策主体、决策客体、决策组织、决策环境、决策信息、决策评价等构成要素均作用在其中，贯穿整个决策运行程序的四个阶段，同时，各个子系统与决策运行程序的制定阶段、实施阶段和反馈阶段进行相互关联与运行。

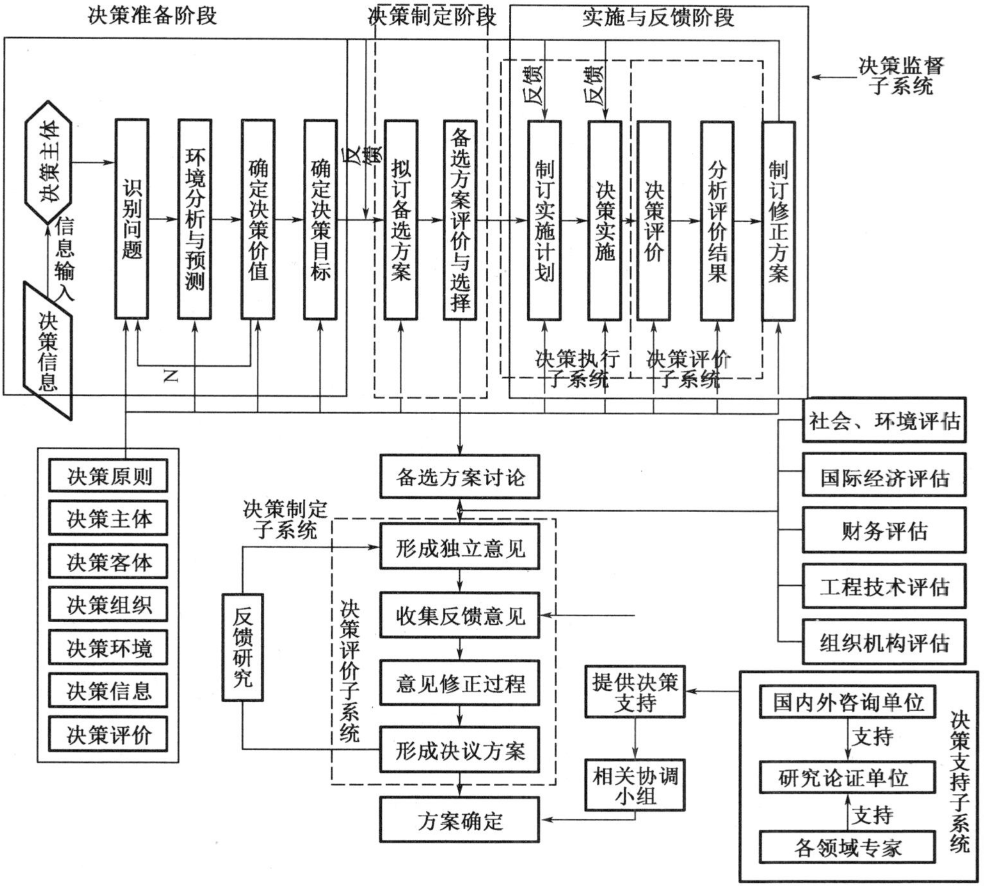

图 4－15　海装制造企业项目决策各子系统与决策运行程序关系图

第四节　我国海装制造企业项目决策系统的构建模型

在图 4－16 中，绘制出了决策系统的整体构造图，其中包括了五种子系统、十一个决策系统构成要素，以及两者之间的相互关系。

在决策系统的所有构成要素中，决策主体和决策客体居于核心的地位。决策的主体是决策过程的主动者，是决策所有子系统的主要构成要素，是决策整个活动中的参与者、推动者；而决策的客体是实施决策活动的接受者，是决策所有子系统

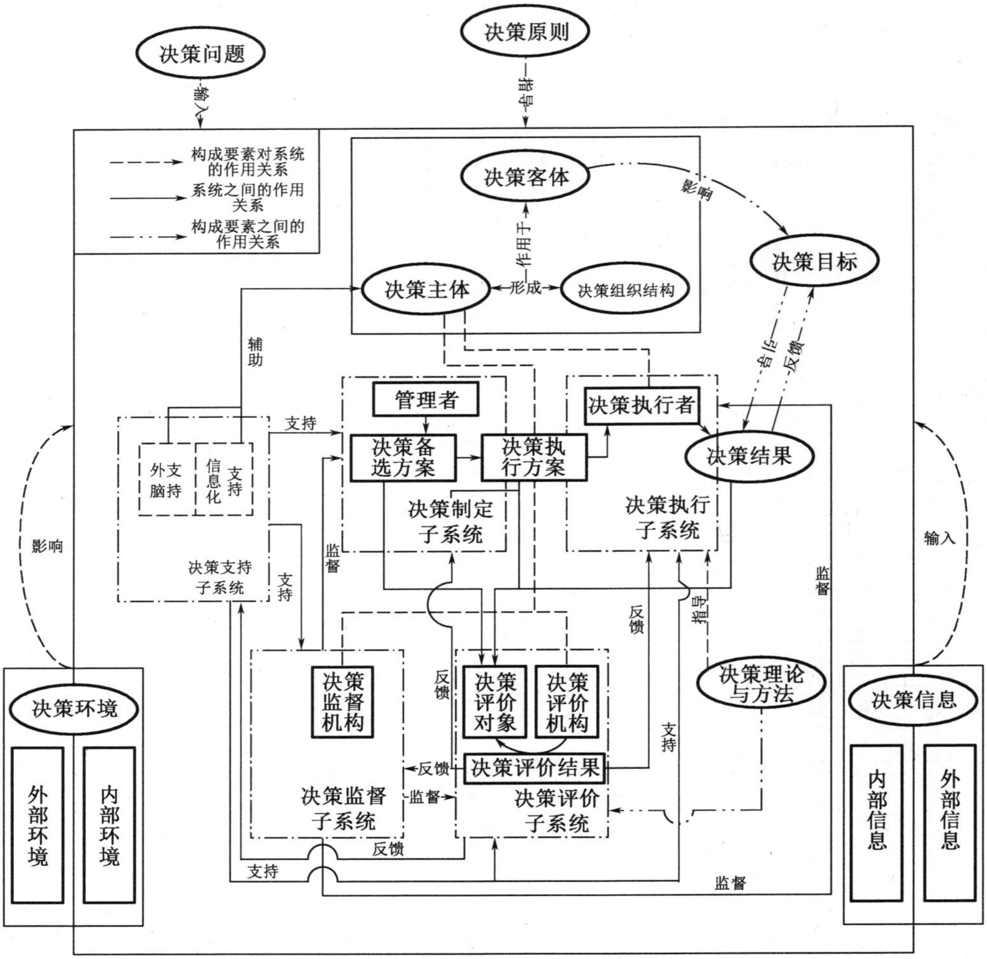

图 4－16　我国海装制造企业项目决策系统

的共同的对象。两者均是决策系统的核心要素。

在整个海装制造企业项目决策系统中,共有五个不同的子系统,它们分别由不同的决策主体行为主导。其中,决策系统的核心组成部分包括决策制定子系统和决策执行子系统。在决策制定子系统中,决策的制定者根据决策原则、决策信息对备选方案进行分析与比较,最终选择最优方案。决策执行子系统则根据决策制定子系统中执行者提出的方案,进行实施。决策支持子系统在整个海装制造企业项目决策系统中起支撑作用,运用外脑信息提供、能力支持、信息技术或电子设备等辅助方式向其他子系统提供辅助。决策监督子系统则对整个决策系统起到监督、检查的作用,以便及时控制。决策评价子系统对决策制定子系统得出的决策方案和结果进行评价，并将评价结果反馈到决策制定子系统和决策执行子系统中。

决策原则对整个决策过程起到指导性的作用，无论在决策的哪一阶段，决策主体都受到决策原则的制约。决策内外部环境、内外部信息都不断地从输入、主体、输出影响决策过程，且决策内外部环境和决策内外部信息通过决策信息进行相互作用。在决策系统中，决策问题的出现启动了决策系统的运行，而决策制定以及执行的过程中必然会形成一定的决策组织，形成了对决策系统运行的支撑。

整个决策系统将各种要素进行不同的联结形成不同的子系统，不同的子系统共同集结形成了整个决策系统，并且在决策系统内部，通过要素与要素之间、子系统与子系统之间、要素与子系统之间的相互作用，使得决策系统可以高效、准确地运转。

第五章　我国海装制造企业项目决策系统运行绩效的评价研究

第一节　我国海装制造企业项目决策系统运行绩效的评价概述

海装制造企业项目决策系统运行绩效评价是指运用科学的技术和方法，采用特定（比如某个系统或行业）的评价指标体系，遵循特定的评价原则，按照统一的评价标准，对海装制造企业项目决策系统的科学性、有效性、灵活性等，进行客观、全面、准确、公正的评价。对于海装制造企业项目决策系统的运转是否合理，正常进行评价是改善项目决策工作的基本前提和基础。决策系统评价越准确、越客观、越全面，对于决策系统的改进就越有效、越有针对性。海装制造企业项目决策具有过程性和复杂性的特点，因此海装制造企业项目决策系统评价的着眼点不仅仅是决策系统产生的静态结果，更要关注决策系统的运行的动态过程和动态行为。

本节中即对海装制造企业项目决策系统的运行绩效评价进行分析，主要侧重于海装制造企业项目决策系统运行绩效评价的评价目的、评价内容以及评价过程中遇到的难点这三个方面简要叙述。

一、评价目的

海装制造企业项目决策系统运行绩效评价的目的主要集中在以下几个方面。

第一，通过运行绩效评价对海装制造企业项目决策系统有更加全面、更加客观的认识，使得项目进行过程中，制定决策时有更多的定量依据，避免直觉、印象等因素起主导作用。

第二，找出现有项目决策中存在的问题，有的放矢地对现有的项目决策系统进行改进完善。通过决策系统评价能够发现现有的海装制造企业项目决策系统的差距和优势，以达到弥补不足，发挥优势，制定科学有效的进一步健全和完善海装制造企业项目决策的目的，促进企业决策行动更加协调有序地进行。

第三，达到决策管理绩效考核的目的。合理的决策系统评价结果能够体现海装制造企业项目决策系统的完善性，并反映出决策主体和决策职能管理部门的业绩和管理水平。海装制造企业项目决策系统的运行绩效的好坏与决策组织机构的工作效率、决策机构人员素质、决策支持的力度等均有密切关系。在海装制造企业项目决策系统运行绩效评价过程中，需要充分分析整个决策系统的运行，构建全面合理的指标体系结构。

二、评价内容

海装制造企业项目的生命周期包括项目确立、计划与设计、施工、交付及保修四个阶段。在项目的全过程中面临很多不同的问题，从广义而言，解决问题的过程即是决策的过程。因而，从项目全生命周期来看，海装制造企业项目决策涉及不同内容的决策，如在项目确立阶段，对项目可行性、项目确立与否等进行决策；在计划与设计阶段，对项目的组织结构进行设计、对工程施工采用的方案进行规划等决策；在施工阶段，则涉及更多的决策主体，这一阶段是项目的核心，也有更多的决策执行者以及决策层级存在，具体的决策行动包括海装制造企业的进度管理等。海装制造企业项目决策系统作为一个有机的系统，有效运行在海装制造企业项目的所有阶段。故而，对海装制造企业项目决策系统的运行绩效进行有效评价是关系到企业项目绩效的重要工作。就决策系统本身分析，对海装制造企业项目决策系统进行综合评价，应该充分考虑到以下几方面的内容：

(1)海装制造企业项目决策系统的决策结果以及决策效果；

(2)海装制造企业项目决策的经济性与效率性；

(3)海装制造企业项目决策系统运行产生的外部效应。

三、评价难点

海装制造企业项目决策系统运行绩效评价的难点主要集中体现在以下几个方面。

(一)评价标准不统一

从前文中可以看出，海装制造企业众多，不同企业的实际状况不同，甚至同一个企业内不同项目的情况也略有不同。针对此种情况，不同企业、不同项目的决策系统的构成也存在一定的差异，决策主体、决策客体、决策组织等都不尽相同，由此导致的决策结果、决策效果千差万别。故而，针对不同的海装制造企业项目决策系统，其运行绩效的评价指标、运用的决策评价都存在差异。这种情况无疑给决策系统运行绩效的统一评价增添了一定的难度。

(二)评价方法不完善

一方面，由于我国企业科学化、规范化管理尚处于发展阶段，对于管理中的决策系统研究处于起步阶段，尚没有统一的定论，尤其是对海装制造企业项目决策系统运行绩效评价，没有足够的理论、实践经验可以借鉴；另一方面，海装制造企业项目决策系统运行绩效评价是一项复杂的工作，它涉及若干交叉学科的综合利用，其中包括统计抽样、系统论、运筹学、风险评估等学科知识。故而在实践中充分灵活地运用相关知识、找到与被评价对象相适应的技术方法，对构建合理的、具有可操作性的评价方法具有一定难度。

（三）评价基础资料缺乏

任何对于系统运行的有效评价都离不开数据或资料的支撑。只有充足、大量、真实、合法的数据资料，才能构建实际的评价指标体系，充分发挥评价对于系统运行的作用。数据资料的缺乏将极其严重地影响评价结果的可信程度和效果。不同企业的基础管理水平不同，导致相关数据资料的收集统计环节相对薄弱，这影响到了海装制造企业项目决策系统评价的顺利开展。

第二节　我国海装制造企业项目决策系统运行绩效评价指标体系设计思路

海装制造企业项目决策系统运行绩效的评价亟须构建科学合理的评价指标体系。而海装制造企业项目决策系统运行绩效评价指标体系的建立，不仅要符合海装制造企业项目的各项活动及项目需求，也要有利于同企业不同项目以及不同企业相同或不同项目之间的相互比较。海装制造企业项目决策系统的运行绩效是衡量海装制造企业项目决策活动的重要依据，由此，海装制造企业项目决策系统的运行绩效评价指标体系必须是一套能够充分反映企业项目决策能力、项目决策绩效，具有一定的内在联系且相互之间存在补充关系的指标群体。要构建海装制造企业项目决策系统运行绩效的评价指标，这个指标体系中设置哪些指标、如何设置、设置密度等既关系到评价结果的科学性和准确性，又关系到项目决策系统的构建、更新及完善，更关系到企业项目中的各种资源的有效配置。

海装制造企业项目决策系统是一个复杂的系统工程。根据本书第三章对海装制造企业项目决策系统的构成分析，我们可以发现海装制造企业项目决策系统具有阶段性、多样性，在各种子系统的不同活动间存在一定的层次性，这些特性决定了海装制造企业项目决策系统运行绩效评价指标体系的层次性。同时，影响海装制造企业项目决策系统运行绩效的因素较多也较为复杂，只有从多个角度、多个层面进行海装制造企业项目决策系统运行绩效评价指标体系的构建，才能充分反应、有效评价海装制造企业项目决策系统的运行价值。海装制造企业项目决策贯穿于海洋工程装备项目的全生命周期中，是满足市场和用户需求的必要保证，高效的决策系统将避免决策失误带来的效率损失，亦会成为海装制造企业项目经济效益的必要保证。故而在分析海装制造企业项目决策系统运行绩效的影响因素时，我们必须要对项目决策的整体收益进行评价，即客观地评价海装制造企业项目决策系统有效运行为项目带来的整体收益，我们将其称为决策绩效。然而，我们也必须看到，整个项目周期中的决策是一个个相互独立的存在，针对于每一个决策，我们提出的决策系统均需要正确有效地运行才能保证整个项目准时、高质量地完成，因此，我们在分析项目决策绩效的同时，还需要针对决策系统本身分析其运行的影响因素。

如本书第四章中的分析，海装制造企业决策系统的运行受到了项目决策子系统的支撑，分别是决策制定子系统、决策执行子系统、决策评价子系统、决策监督子系统、决策支持子系统。而这 5 个子系统的形成有赖于决策系统 11 个构成要素相互之间的联结。故而在分析海装制造企业项目决策系统的运行绩效时，我们可以从构成要素的角度进行分析。如图 3－5 所示，我们可以看到决策客体、决策原则、决策环境、决策问题这四种影响因素位于解释结构模型底层的构成要素并没有对海装制造企业构成直接的影响，其影响完全通过上一层的元素传递产生，在分析影响因素时，我们可以将其合并，以子指标的形式体现。同样，决策主体、决策组织、决策信息、决策目标以及决策理论与方法都直接影响决策方案，进而影响决策结果，决策结果再向上传递直接影响目标层，所以决策结果是评价项目决策系统必不可少的重要指标。此外，对于海装制造企业项目决策系统的运行绩效评价还应充分考虑决策方案制订、选取过程中的影响因素，该因素可由图 3－5 中第三层级的构成要素组成，共包含 5 种，分别是：决策主体、决策组织、决策理论与方法、决策信息以及决策目标。其中，决策目标更多地作为方向性指导要素起隐形作用，具体可以体现在决策结果的评估过程中，但其本身不具有可以客观度量的指标，故而在指标体系的构建过程中将其忽略。此外，决策理论与方法我们将其称为决策支持，使其涵盖内容更为全面系统。在确定海装制造企业项目决策系统运行绩效的影响因素时，我们还应该充分考虑到企业项目的特异性，根据企业、项目所处的环境的差异性，其决策系统往往会存在些微的不同，故而在构建影响因素的时候必须充分考虑实际情况，因此，我们采用了扎根理论的方法，深入海装制造企业内部进行深入细致的调查访谈以及数据收集，确定了更贴合实际的影响因素。

综合以上几点，我们在设计指标体系时的思路如下：在综合国内外相关研究文献的基础上，结合对于海装制造企业项目的深入调查，以及解释结构模型的科学分析，分别从海装制造企业项目决策系统整体绩效和海装制造企业项目决策系统运行影响因素的两个角度对指标体系进行整合，依照“导致因素—结果—结果评价”这样一条思路完成指标体系的构建。

第三节　我国海装制造企业项目决策系统运行绩效评价指标体系的构建

一、评价指标体系的构建原则

由以上两节的分析可见，海装制造企业项目决策系统运行绩效的评价指标体系的构建应充分考虑海装制造企业项目决策的实际环境，故而其指标体系的设计除需要遵循一些普遍的指标体系构建原则以外，在数据指标设计的时候还需要遵循一些特别的原则。

（一）指标体系构建普遍性原则

1. 科学性原则

海装制造企业项目决策系统运行的一切过程与步骤都需要坚持科学性的原则，在选择海装制造企业项目决策系统运行绩效评价的相关指标时，也必须保持科学性的原则。首先，要根据评价的目的确定这些指标可以体现项目决策系统的内涵，揭示项目决策系统的内在规律，力求全面、系统、综合地反映海装制造企业项目决策系统的决策绩效，从不同侧面深入、细致地评价比较海装制造企业项目决策系统优劣；其次，在选取指标、确定权重系数以及计算数据时，均应以科学理论为依据，使科学性原则贯彻指标体系建立的始终。

2. 实用性原则

海装制造企业项目决策系统运行绩效评价体系的构建要遵循实用性原则，实用性是评价绩效的重要标准。这里的实用性，表现在以下几点。

（1）评价指标的简要性

评价指标的简要性是该评价体系能否被企业应用落实的首要前提，过于繁复的指标数据不利于在企业内部广泛推行。所以，在设计评价指标体系时，首先要确保指标覆盖的全面性、客观性，接下来就必须考虑指标体系的繁简程度，指标体系不可设计得太烦琐，要尽可能地简化，删去一些对评价结果影响较小的指标。

（2）确立方法的简便性

确立评价指标体系时需要遵从简便性的特点，保证评价工作可顺利进行或者代价较小地进行。通常在管理学中，存在着一种边际效应递减的规律，耗费的时间精力与得到的收益并不成正比，故在决策指标体系的构建过程中，需要遵从“满意原则”，在客观上不存在最优方案的前提下，选择合理、满意的指标体系。

（3）数据获取的简单性、准确性

数据获取的简单性、准确性要求项目决策系统运行绩效评价指标所需要的数据要易于采集，各种指标的信息来源要容易获得，且获得渠道合法、可靠。指标体系的指标确定相应的计算方法、支撑数据都要规范化、标准化操作，保证获取数据的质量。此外，还要严格控制获取数据的准确性，数据准确、可靠才能保障评价施行的质量。

3. 系统性原则

海装制造企业项目决策系统具有系统性的特点，在评价其运行绩效时也必须满足系统性的特点，这种系统性的特点表现在指标体系的系统性、指标选取的系统性以及设计指标体系方法的系统性。

（1）指标体系的系统性

其是指指标体系中指标数量的多少以及指标体系的结构形式都要以系统性为原则，即要用较少的指标数量、较简单的系统层次，全面客观地反映评价对象的内容及特点。如此，既避免了指标体系过于繁复冗杂，又避免了过于追求单因素的优化，而选择最优化评价指标体系的总体最优化。

（2）指标选取的系统性

其是指在构建指标体系的时候，要统筹兼顾系统各个方面的关系，指标体系之间往往存在某种关联，相互促进或是彼此制约。故而，在考虑时，要兼顾各个方面，以及其间的关系。

（3）设计指标体系方法的系统性

其是指设计评价指标体系的方法应选择采用系统的方法，比如本书中采用的AFD（ANP + FCE + DEMATEL）综合评价法即是将指标要素分为3个层次（目标层、准则层和因素层），并形成树状结构的指标体系，然后通过各项指标之间的有机联系，体现出指标整体的统筹兼顾，达到指标体系的整体功能最优。

（二）指标体系构建特异性原则

1. 定量指标与定性指标相结合的原则

定量指标要结论明确，具有较强说服力；有些过程性的管理活动只能用定性指标衡量，但定性指标要准确、全面，避免人为地造成信息失真。

2. 结果性指标和过程性指标相结合的原则

海装制造企业项目决策是一个过程性的管理活动，决策系统的绩效既要体现决策结果的准确与否，也要体现决策过程和各个决策点的科学性和合理性。

3. 动态指标与静态指标相结合的原则

海装制造企业项目决策系统是随着社会经济、市场竞争等因素的变化而变化的，其评价指标体系也应体现相关变化，是一个动态的、开放的评价指标体系。

4. 经济性的原则

决策系统综合评价指标体系的设计要具体清晰，但每次评价都有其具体的环境和条件，因而评价指标体系不可能具有普遍的适用性，否则决策系统的评价就达不到预期目的。然而指标体系构建时也要充分考虑其经济性，如果指标体系过于细化，就有可能造成在现有的管理水平和条件下运作成本过高，使得指标体系失去现实意义。

二、评价指标的选取

海装制造企业项目决策系统的有效运行受到了诸多影响因素的影响，本节中通过前文对海装制造企业项目决策系统运行机理的深入的分析研究，利用扎根理论的方法深入企业项目组内部，调研评估并得到了适应性较强的海装制造企业项目决策系统的影响因素。

（一）扎根理论

扎根理论是对现象进行分析、整理而得到的结果。这一理论运用归纳法，在对资料进行系统地搜集与分析的基础上，得到进一步的深化和发展。这一理论已经得到暂时的验证。扎根理论作为定性研究中较科学的一种方法，由社会学者 Galsser 和 Strauss 在 1976 年首次提出，并发展至今，它依托的是资料的搜集和资料与分析间的持续互动，因此，收集与分析资料的过程是它的核心过程。在这一过程中，包括理论演绎和理论归纳。我们将扎根理论中对于资料的分析称作译码。扎根理论一个区别于其他定性研究方法的特点就在于资料收集方式的动态性，这就是说要根据研究的进展来不断充实、完善资料，结论的说服力和理论性要依靠资料的丰富、严密和饱和度。因此，收集、整理和分析资料是一个同时发生、并行连续、循环不断的过程。

扎根理论出发于大量翔实的资料，它的精髓在于对概念及其抽象层次的螺旋式循环提升，而这一目标是通过科学的逻辑，归纳、演绎、对比和分析来实现的。扎根理论主要有五个步骤：

(1)从收集的资料里合成文字概念并进行记录；

(2)通过比较资料和概念，对所生成理论性问题进行探讨；

(3)扩展理论性概念，建立概念之间的相互关系；

(4)理论性抽样，对系统的资料进行译码；

(5)理论构建，获得理论概念的密度、变异度和高度的整合性。

其中，译码有三个级别：一级编码，也称为开放式编码，其过程包含五个部分，分别是分解、检验、比较、概念化和范畴；二级编码，也叫主轴式编码，其过程为通过因果条件→现象→脉络→中介条件→行动/互动策略→结果，此过程可将开放式译码中的各项范畴结合在一起；三级编码，也可称其为选择性编码，是选择核心范畴，将所有范畴关联在一起，并检验其相互关系，同时可以将概念化发展尚不全面的范畴补充完整。扎根理论的具体研究流程如图 5－1 所示。

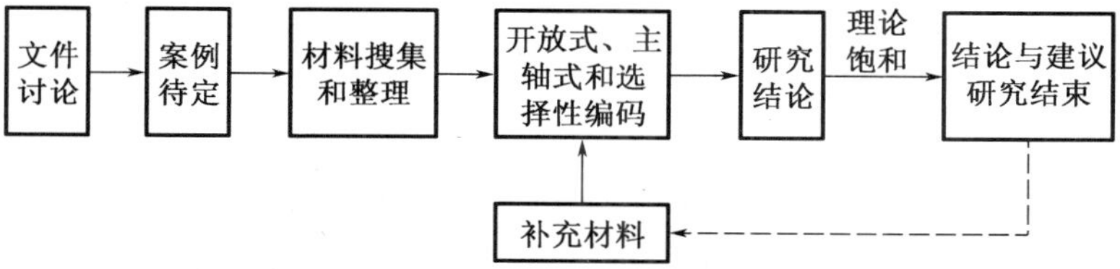

图 5－1　扎根理论流程图

(二) 影响因素分析

1. 研究方法和数据来源

目前,对于海装制造企业项目决策系统来说还没有成熟的变量范畴、测量量表和理论假设。而且,本书研究的问题属于较为具体的问题,很多人并不充分地了解海洋工程装备制造这一战略性新兴产业,因此我们采取针对海装制造业相关领域人群进行的非结构化问卷(开放性问卷),通过对相关人群的访谈来搜集第一手资料,并运用质化研究方法,对海装制造企业项目问题决策系统的框架进行研究。我们采用理论发展为指导方针,对具体的调查对象运用理论抽样的方法进行访谈,并要求我们选择的受访对象属于海装制造业的专家及管理人员。他们大都是思维活跃、信息丰富的中青年个体或者是经验丰富、有一定见地的领导及专家学者。样本数的确定以理论饱和的准则为基准。

我们将调研的对象分成两组,分别进行个人深度访谈和焦点小组访谈。深度访谈及焦点访谈的组别中人数及时长设置应适当且合理。这样,在交流时可以深度知道受访者的想表达的内容,并给予充分的时间,同时进行实时记录,最终得到翔实的访谈记录。我们随机选取三分之二的访谈记录进行编码分析并进行模型构建,另外三分之一的访谈记录则留作进行理论饱和度检验。

2. 范畴提炼与模型构建

本书在对海装制造企业项目决策系统运行绩效的影响因素进行分析时,采用扎根理论,通过开放式编码、主轴式编码和选择性编码三个步骤进行模型构建。

(1)开放式编码

开放式编码是对实地调研时的访谈记录的任何可以编码的句子或片段给予概念化标签,实现访谈资料概念化的形式。其将每个语句赋予概念,并重新排列组合。在编码时,不得有个人偏见,尽量保证原话使用,作为标签发掘初识概念,最终得到初始语句和相应初始概念,并加以提炼,实现概念范畴化。在进行范畴化时,我们提出频率少于两个的概念。表 5－1 为初始概念和范畴。为了节省篇幅,我们只节选每个范畴中的三条原始语句及初始概念。

表 5－1　开放式编码的初始概念和范畴（表中语句为样例）

范畴	原始语句（初始概念）
决策集权度	A 总是由老板负责，一般是企业规模小，在现代企业中，这种“一言堂”模式往往不再适用（决策权归属） A 我们（高管）可以将部分决策权下放，只负责战略性、非常规决策，极大地节约了时间（决策权下放） A 当然只有直接领导才更了解我们（员工）的实际情况，这种方式比大领导决策好很多（分权优势）
群众参与度	A 头脑风暴，项目组都能参与，思路开阔，想法大碰撞（群众参与） A 群体性决策是决策理论新形势下发展的一种趋势，这样可以制定更符合各方面利益的决策（群体性决策） A 参与啊，这样工作更有动力（群众参与决策）
知识结构	A 项目执行过程遇到各种各样的问题，除了经验，还需要相应的知识做保障（知识） A（知识）从侧面决定了一个人的性格、能力，在决策中起到了关键的作用（知识） A 越高层的决策越需要宽阔的视野以及相应的知识储备（知识）
能力结构	A 能力是一个模糊的概念，我们（高管）认为能坚决执行决策、完成任务的人就是有能力的（员工能力） A（合理决策）需要了解问题发现环境，与人沟通、知人善任，还要保持独特的个人魅力（领导能力） A 就是觉得这个人值得信任，跟着他有干劲，能力强吧（领导能力）
心理结构	A X 总，执行力特别强，总是说一不二，特别有侵略性，性格因素吧（性格） A 就是一种直觉，这个订单我们一定能拿下来，总得争一争（直觉） A 潜意识也（对决策）有一定的作用，它往往影响人们对方案进行评估选择，我觉得这个更好（潜意识）
决策主体间的配合	A 离不开他们（员工）的共同努力啊，没有他们，我们连一个零部件都玩不转（制定—执行） A（决策最）重要的还是决策信息的收集，决策参与者的收集、处理、传递信息的能力至关重要（参与—制定） A（我负责）搜集信息，虽然不做决定，但是我交的报告也可以影响到决策的结果（参与—制定）

表 5－1(续 1)

范畴	原始语句(初始概念)
企业文化	A 项目的工作氛围影响了员工的心态,怎么做、做到什么程度都跟员工的态度直接相关(氛围) A 就是一种感觉,一进大门,有一种朝气蓬勃的干劲,这样也放心把任务交下去呀(信任) A 要做就得做好,做好了才有升职的机会,在这地方不上班也没地方去,哈哈(态度)
决策制度	A 我们(高管)不是拿制度在管人,只是制定了一个行为规范,规范才便于管理(决策制度) A 决策制度应尽量完善、全面,不要太空泛不可操作,也不要制定了不去执行(决策制度) A(决策制度)有挺多的,一些原则、指导、执行程序、上报表单等挺多呢(决策制度)
决策程序化	A(基层管理者)往往都是一些日常的工作(决策),也不需要上报,正常范围内的(程序化决策) A 一般有例可循的事件我们都交到下面去办,按照以往的程序就可以了(程序化决策) A 程序化决策大多以日常决策为主,同时也需要有以往的决策案例作为参考
组织设置	A 决策组织必须保证合理有效,既不能太过庞杂,又要保证完善合理(组织设计) A 除生产部门外,我们每个部门都有 3～5 名员工,在决策每个人都有自己的职责(决策组织) A 项目决策中要保持适当的管理宽度,一个中层管理者手下最多应该有 7 个人,超过了则分身乏术(管理宽度)
组织效率	A 效率是组织有效运行的保证,我们计算效率的方式有很多,比如人均收益率或者人均工作量(组织效率) A 效率是最重要的吧,项目开始的时候就确定了截止那一天,做事情不能拖拉,拖一点都是耽误工期(效率) A 组织活力的根本保证是提高组织效率,组织的一切活动需要效率支持(效率)

表 5－1(续 2)

范畴	原始语句(初始概念)
决策主体信息能力	A 决策离不开信息的保证,信息能力是决策能力最重要的一部分(信息能力) A 信息要充分、合理,我们在市场调研的时候,就需要充分分析国内外形式、行业形式等诸多方面(信息) A 信息贯穿了决策的全过程,搜集信息、处理信息、利用信息,都是作决策准备阶段的必要技能(信息)
决策信息渠道	A 信息及时性很重要,只有信息及时输送到领导那里,才能快速作出决策(信息及时性) A 获取信息的过程中一定存在某种程度的延时,尤其是外部信息往往不及时、不准确(信息通畅性) A 电子信息技术的出现使得信息传输更加快捷、方便,数据平台也使得调用查看数据更便捷(电子信息交互)
决策外脑支持	A 现代社会的专业化分工形成了一些新兴行业,比如咨询业,在管理方面相对更为专业(咨询) A 项目中偶尔会遇到某些问题,主要是指财务或者沟通方面,如果没有经验,可以向集团其他部门请教(咨询) A 请过一些吧,前两天还有人过来调查,关于人力资源什么的(咨询)
电子设备普及	A 信息技术的发展,使得电脑越来越普及,我们(高管)就想着如何能利用这些,提高工作效率(计算机) A 一般管理人员都配备了电脑,利用计算机上传下载一些数据文件,提高了办事效率(计算机) A 经常上网,平时也玩电脑什么的,用电脑办公比较娴熟吧(计算机)
决策信息技术	A 信息化决策是必要的趋势,如何信息化办公、信息化决策是至关重要的(信息技术) A 决策理论发展到现在,一些信息化手段层出不穷,如何在制造业普及提高决策效率是未来的趋势(信息技术) A 暂时只是停留在传输文件、存储数据等阶段,还没有成体系的辅助决策的软件(信息技术)

表 5 - 1(续 3)

范畴	原始语句(初始概念)
决策失误率	A 决策往往具有风险性,我们不怕决策失误,只怕不能从失误中找到问题(风险性) A 经过论证的方案都是较为可行的,但是还是存在着失误的可能,只要保证在一定的容许范围内即可(决策失误) A 项目中存在的失误主要集中在工期、质量、资金这三个方面(决策失误)
决策满意度	A 一般没有最好的决策,我们做企业的只想要最后的项目能让客户满意,企业的薪资待遇能让员工满意(满意度) A 就是执行命令呗,完成领导安排的任务,基本上没有加班加点都挺满意的(员工满意度) A(海装)处于中等程度,主要是劳动力价格较低,使得我们在价格上较为有竞争优势(客户满意度)
决策时间	A 我们自然希望可以越快决定方案越好,但是越是重大的决策越需要考虑各方面的情况,以避免失误(决策时间) A(决策)动态的过程,需要根据条件的变化加以调整,这就需要一个很快的响应时效(响应时间) A 一般决策做得都比较快吧,可能也是有经验了,进度拉后稍微调整下就好,不花太多时间(决策时间)
决策收益	A 集团整体负担很大的效益问题,经济效益、社会效益,等等,决策也需要考虑到效益问题(决策收益) A 项目的效益整体一般用投资回报率来描述吧,毕竟作为企业可能更强调的是投入—产出(决策收益) A 我们(基层管理者)看到的往往就是决策执行结果与决策目标之间的差别,也算是效益吧(决策收益)

(2)主轴式编码

开放式编码主要是挖掘范畴,主轴式编码则是对范畴之间的逻辑关系进行挖掘,发展主范畴和副范畴。通过分析可知,每个范畴在概念层次上存在内在联结,根据其相互关系,我们对其进行重新分类,得出 8 个主范畴。各主范畴代表的含义及其对应的开放式编码范畴如表 5 - 2 所示。

表 5－2　主轴式编码形成的主从范畴

主范畴	对应范畴	关系的内涵
决策权的配置	决策集权度	决策集权度表征了决策权的归属程度，表示决策是否较多由高层决策者完成
	群众参与度	群众参与度表征了群众参与决策的程度，群体决策往往更符合实际情况利益
决策主体主观素养	知识结构	知识结构指的是决策主体在决策过程中可以依赖的知识体系
	能力结构	能力结构指的是决策主体具备的可以支撑决策的相关能力
	心理结构	心理结构指的是可以影响决策的某些心理作用，比如直觉、潜意识、价值观等
决策内部氛围	决策主体间的配合	决策是一个动态交互的过程，决策主体间的配合极大地影响了决策制定与执行
	企业文化	企业文化是一个企业行为规范、制度作风的无形表示，对决策有着潜移默化的影响
决策制度	制度健全度	决策需要规范化的制度体系保证，包括科学的过程、方法等
	决策程序化	部分决策属于程序化决策，参照案例可以极快地完成决策过程
决策组织	组织设置	决策需要完整的组织体系构架，组织设置具有需要合理性、有效性
	组织效率	组织效率表征了项目组成员的行为习惯与方式，是组织内一切活动的效率体现
决策信息能力	决策主体信息能力	信息能力是决策的必要保证，决策主体的信息能力包括信息搜集能力、信息处理能力、信息利用能力等
	决策信息渠道	决策过程是由一个组织相互配合完成的，信息传输是否畅通影响了决策效率与决策质量
决策支持能力	决策外脑支持	决策组要群策群力的同时，也需要外部人员的知识、能力的支持与帮助
	电子设备普及	电子设备是信息化决策的物质体现，设备的普及表征了决策信息化程度
	决策信息技术	信息技术在决策中的应用越来越普遍，决策信息技术辅助决策进程，提高了决策效率与质量

表 5-2(续)

主范畴	对应范畴	关系的内涵
决策效益	决策失误率	理论上决策存在一定差错的概率,在项目决策中,这种失误主要表现在财务、工期、质量三方面
	决策满意度	决策满意度是衡量决策合理的重要指标,一方面指员工的满意度,另一方面指客户的满意度
	决策时间	决策时间主要指决策过程中需要的时间,一是决策花费的时间,二是对于决策问题的响应时间
	决策收益	决策收益是衡量决策结果的指标,可能包含了决策经济效益、社会效益等方面

(3)选择性编码

选择性编码是进一步对范畴与范畴之间的关联进行梳理,它以故事线的形式对整体现象进行描绘,同时分析核心范畴与主范畴或其他范畴间的关系,最后得出新的理论框架。

针对表 5-2 中描述的主从范畴,我们可以对主范畴进行进一步的分析归纳,如表 5-3 所示。

表 5-3　决策范畴分析

范畴要素归纳	决策范畴
决策主体	决策权配置 决策主体主观素养
决策组织	决策内部氛围 决策制度 决策组织设计
决策信息	决策信息能力
决策支持	决策支持能力
决策结果	决策效益

根据扎根理论方法,我们在决策范畴的隶属范围中,寻找主范畴的典型关系。结果如表 5-4 所示。

表 5－4　归纳范畴的典型关系结构

典型关系结构	内涵
主体的因素 ↓ 构成因素—导致结果	决策是人类的活动,人的行为构成了决策的直接影响因素;决策主体是决策系统的内部决定性构成要素;它影响构成因素—导致结果之间的关系强度和关系方向
组织的因素 ↓ 构成因素—导致结果	决策需要组织结构的保障,组织结构是决策的间接影响因素;决策组织是决策系统的内部构成要素;它影响构成因素—导致结果之间的关系强度和关系方向
信息的因素 ↓ 构成因素—导致结果	决策离不开信息的辅助,信息是决策的主要支撑因素;决策信息是决策系统的辅助性构成要素;它影响构成因素—导致结果之间的关系强度和关系方向
支持的因素 ↓ 构成因素—导致结果	决策过程中需要外部的支持,支持是决策的重要保障因素;决策支持是决策系统的辅助性构成要素;它影响构成因素—导致结果之间的关系强度和关系方向
效益评估 ↓ 导致结果	决策要对结果进行评估,效益评估是决策的直接衡量因素;效益评估是决策系统的必要结果性构成要素;它直接作用于导致结果

基于以上的典型关系结构,我们发现在海装制造企业项目决策系统的众多影响因素中,存在着“构成要素—导致结果”这一故事线。这一故事线以决策系统为核心范畴,在核心范畴基础上,发展出一个全新的决策系统影响要素理论模型。综合前面的内容,我们可以把这一模型叫作“决策系统运行要素模型”,如图 5－2 所示。围绕着核心范畴“决策系统”的 5 个主范畴分别为:决策主体、决策组织、决策信息、决策支持以及决策绩效。前 4 种主范畴对决策系统有着显著的影响:由于决策的行为主体是人,人的行为活动或者性格特质决定了决策的倾向性,所以决策主体是决策系统的直接影响因素,也是决策系统的内部决定性构成要素;决策组织是决策系统的体系保障,完善的组织结构决定了决策的效率及可靠性,虽然决策组织对于决策结果并不存在直接影响,但是决策组织仍然是决策系统的重要间接影响因素;决策的过程其实可以看作一个对信息搜集、处理、利用、再生的动态过程,决策离不开信息,信息是决策的主要支撑因素,也是决策系统的辅助性构成要素;决策过程中除了内部决策主体的相互配合之外,还需要来自外部的其他要素的支持,如信息技术或者外部专家对于决策的辅助作用,决策支持是决策系统的重要保障因素,它亦属于决策系统的辅助性构成要素。以上 4 种构成要素,作用于“构成要素—导致结果”这一过程的中间环节,影响着这一过程中间关系强度与关系方向。

决策的正确性与有效性往往需要一个具体标准进行衡量，决策结果就是评价决策的重要指标，它直接作用于"导致结果"，是决策的直接衡量因素，也是决策系统的结果性构成要素。

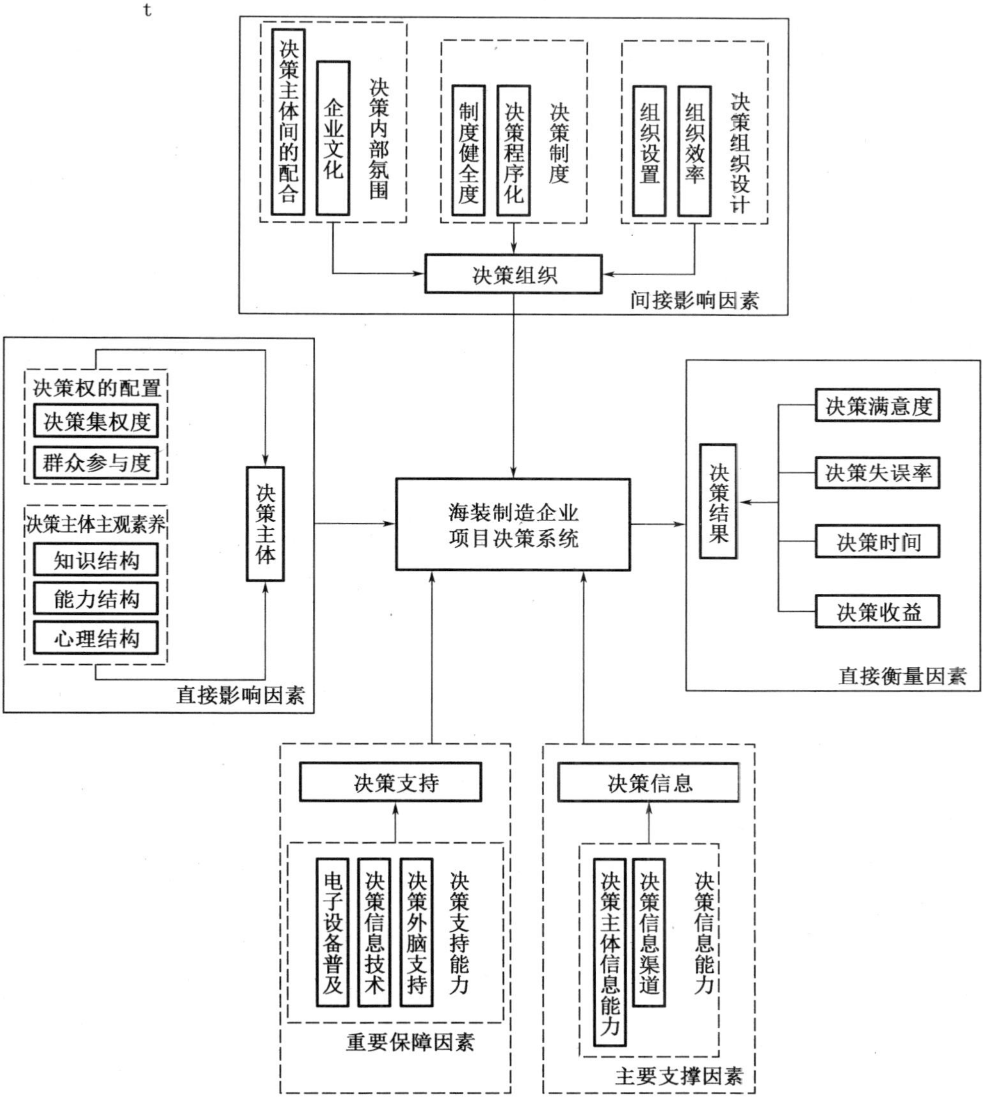

图5-2　决策系统运行要素模型图

(4)理论饱和度检验

本研究用另外三分之一的访谈记录进行理论饱和度检验。结果显示,对于影响决策系统的5个归纳范畴(决策主体、决策组织、决策信息、决策支持和决策结果),8个主范畴(决策权的配置、决策主体主观素养、决策内部氛围、决策制度、决策组织、决策信息能力、决策支持能力、决策效益)都没有发现可以形成新的重要范畴或者关系,8个主范畴内部也没有新的构成因子。由此得出决策系统运行要素模型在理论上是饱和的。

三、评价指标体系的建立

(一)评价指标确定

在前文叙述中,我们利用扎根理论的调研方法,总结出了影响决策系统的8个主范畴——决策权的配置、决策主体主观素养、决策内部氛围、决策制度、决策组织、决策信息能力、决策支持能力、决策效益。以上8种范畴,共同构建了决策系统运行要素模型,补充完善了"构成要素—导致结果"故事线之间的内部逻辑。如果我们将"决策系统"这一核心范畴看作目标层,将"决策主体""决策组织""决策信息""决策支持""决策结果"这5个归纳范畴看作准则层,5个归纳范畴下的若干主范畴就可以看作指标层,我们可以用表格形式将指标体系清晰列出,如表5－5所示。

表5－5　海装制造企业项目决策系统运行绩效评价指标

目标层	准则层	一级指标	二级指标
海洋工程装备制造企业项目决策系统运行绩效	决策主体(U_1)	决策权的配置(E_1)	决策集权度(U_{11})
			群众参与度(U_{12})
		决策主体主观素养(E_2)	知识结构(U_{13})
			能力结构(U_{14})
			心理结构(U_{15})
	决策组织(U_2)	决策氛围(E_3)	决策主体间的配合(U_{21})
			企业文化(U_{22})
		决策制度(E_4)	制度健全度(U_{23})
			决策程序化(U_{24})
		决策组织设计(E_5)	组织设置(U_{25})
			组织效率(U_{26})

表 5－5(续)

目标层	准则层	一级指标	二级指标
	决策信息(U_3)	决策信息能力(E_6)	决策主体信息能力(U_{31})
			决策信息渠道(U_{32})
	决策支持(U_4)	决策支持能力(E_7)	决策外脑支持(U_{41})
			电子设备普及(U_{42})
			决策信息技术(U_{43})
	决策结果(U_5)	决策效益(E_8)	决策满意度(U_{51})
			决策失误率(U_{52})
			决策时间(U_{53})
			决策收益(U_{54})

如表 5－5 所示，我们共设置准则层 5 个，一级指标 8 个，二级指标 20 个。评价指标的含义及获取方法、计算公式等，将在后文中阐述。

(二)评价指标的含义

为了清晰地了解指标体系，正确使用指标体系对海装制造企业项目决策系统进行分析评价，接下来将从 5 个准则层对指标体系进行分解，分别对各个指标及其含义作出进一步的说明和阐述。关于指标含义我们充分借鉴相关研究文献并结合了前文对项目决策系统的深入研究；相关公式的确定与选取也是依据某些权威著作或者权威统计类刊物，具有较高的参考价值。

1. 决策主体(U_1)的评价指标

赫伯特 · A. 西蒙认为“管理就是决策”，决策是一种企业行为，更是人的活动的集合。在决策过程中“人”也就是决策主体的作用尤为重要。在本书中，决策主体的概念比较广泛，除主要的决策制定者、决策执行者之外，决策监督人员以及决策信息搜集、处理人员等项目组内成员都在决策主体的范围之内。对于海装制造企业项目决策系统的影响要素，主要从以下两个方面进行分析：一个是决策由谁来制定，也就是决策权的配置问题；另外一个则是人的因素对于决策的影响，我们总结为决策主体的主观素养。

决策主体的个人综合素养往往对决策产生重要的影响，从理性的层面上讲，决策主体的知识和能力直接决定了决策的质量；从感性的层面上讲，决策主体的性格、偏好、价值观、潜意识等主观因素，也对决策产生了方向性的影响。决策是人的活动，这种主观的倾向不可避免，且往往对于决策的结果产生潜移默化的影响。比如说，如果决策者的性格较为激进，就会倾向选择风险性较高、收益较大的决策。

(1)决策权的配置(E_1)

传统企业往往采取“一言堂”的家长式决策,然而随着企业的发展壮大,业务线逐步扩展,企业规模增加,公司员工数增加,这种决策方式已经越来越不适于现代企业的生存发展。决策权的配置问题就成为企业决策的重要问题。如前面章节中的分析,越是基层的决策,其日常化、程序化的概率就越高,而这种决策只需要基层管理者按照经验或者已有的程序进行决策,如果企业过于集权,此种决策由较高层级的管理者来进行,则会造成人力、智力上的浪费;同样,企业高层管理者往往面对着较为复杂的决策环境以及关系到企业生存发展的战略决策,如果企业过于分权,这种类型的决策交由层级较低的管理者进行,就会因为眼界的局限性或者能力的欠缺导致决策的失败。在决策理论的发展过程中,群体决策的理论已经受到了越来越高的重视。一方面,很多复杂的决策问题,往往会涉及目标的多重性、时间的动态性以及状态的不确定性,这些往往是单纯的个人能力不能驾驭的,比如决策问题需要综合很多领域的专业知识,从不同角度看待同样的决策问题会存在不同的侧重点,而决策也需要多方位提供的决策信息,而群体决策在这个方面就拥有足够的优势。另一方面,决策主体的个人价值观、态度、背景有一定的局限性,这就会对要解决的问题类型以及思路和方法产生影响,而群体决策综合了多人的观点与看法,会尽可能地避免这种情况,同时增加了群众对于决策的参与度,也有利于决策的执行并且提高员工的主人翁意识。在此,我们确定了决策集权度(U_{11})和群众参与度(U_{12})两项指标。

①决策集权度(U_{11})

决策集权是指决策权在项目组织系统中的较高层次的管理者中有一定程度的集中。适当程度的分权可以发挥较低层次组织的主动性和创造性,把生产管理决策权分配给下属组织进行决策,较高层级管理者只关注于少数关系全局利益和重大问题的决策权。

$$决策集权度=\frac{高级管理者人数}{决策制定者总人数}\times 100\% \tag{5-1}$$

②群众参与度(U_{12})

较低层级的管理者或员工相对于本层级的管理者往往处于企业项目决策中的执行者的地位,充分地听取较低层级管理者的意见更有利于制定出合理、科学、满意度较高的决策。但决策过程也应该避免过多人参与,否则决策将停滞不前,只需要保证关键的相关人员的参与,避免浪费过多的时间与资源。

$$群众参与度=\frac{基层员工参与人数}{决策组织总人数}\times 100\% \tag{5-2}$$

(2)决策主体主观素养(E_2)

在决策过程中,决策主观素养会对决策产生一定的影响,故而在构建决策系统的影响要素的时候,必须要充分考虑到决策主体的主观素养。人是复杂的社会生物，对于人的评价往往较为复杂，在此我们根据人对决策的影响方式，将决策主体的主观素养分别划分为知识结构（U_{13}）、能力结构（U_{14}）和心理结构（U_{15}）三项指标。其中，知识结构从知识支撑的维度影响到决策主体对于决策问题的认识以及对于决策环境理解的深入程度；能力结构从能力辅助的维度影响到决策主体与其他决策主体以及决策环境的融洽度，能力结构往往决定了决策主体在决策组织中的决策地位；心理结构是最不可直观衡量的一种因素，它会对决策结果产生潜移默化的影响。除知识结构可以有具体的指标用于计算外，能力结构、心理结构均没有具体的公式或者量化指标加以描述，故而只能采取主观统计的方式进行度量。

①知识结构（U_{13}）

海装制造企业项目决策具有很强的综合性，这就要求各个决策主体（决策制定者、决策执行者、决策参与者，等等）必须具有合理的知识结构。在决策过程中，决策主体不仅需要精通项目管理的知识和技能，而且还应当具备有关决策、投资、融资、经济学、风险管理、心理学等多个方面的知识以及综合判断能力。而这种知识结构的合理程度与丰富程度，随着决策层级的增加而不断增加。通常来说，学历层次越高，理论知识储备就越丰富；任职年限越长，相关的知识结构就越丰满。所以在评价决策主体知识结构的时候，我们选取了“本科以上学历人员比重”以及“任职年限”两个指标对其进行评价。任职年限数据可以通过人力资源数据库进行查询，这里的任职年限代表的是担任相应岗位的年限，充分考虑了在职人员存在跳槽的情况。本科以上学历人员比重需要计算得出，公式如下：

$$本科以上学历人员比重=\frac{本科以上学历人数}{决策组织总人数}\times 100\% \qquad (5-3)$$

②能力结构（U_{14}）

决策是一个复杂的行为活动，在活动中需要决策主体的各项能力以支撑决策的进行。决策主体在决策中可能需要的能力包括领导能力、组织能力、沟通能力、决断能力、个人魅力，等等。对于决策主体的能力结构进行评价，需要通过调查问卷与专家打分的形式进行。

③心理结构（U_{15}）

决策主体的心理结构主要是指在决策过程中对决策产生影响的某些心理因素，这些因素通常属于非理性因素，但极有可能影响到决策的结果。这里面的心理因素，可能包括性格、价值观念、偏好，等等。这种心理结构的评价需要心理学的评价体系才能完成，同时需要测试的还有在各决策主体的行为过程中，这种心理因素在行为中流露的概率。一种比较粗略的定量研究指标是决策主体的年龄结构，我们认为通常参与项目决策的人员平均年龄年轻化能给项目决策注入新的活力，使得决策组织拥有较高的创新性及学习能力。

2. 决策组织(U_2)的评价指标

在海装制造企业项目决策系统中,决策组织最重要的是准则一致。决策组织是为了在进行项目决策时解决项目决策问题而构建的分工协作体系。同时,决策组织也是各决策主体相互作用、产生关联的一种结构,在决策过程中联结着涉及决策活动的所有管理职能,在决策组织内部形成了一种决策氛围。组织的形成,必然存在着某些法规制度,对组织里的成员构成某种规范性的作用。以上提到的三种指标,即是在决策组织中的三个子指标,决策氛围、决策制度以及决策组织设计。

(1)决策氛围(E_3)

决策氛围是一种气氛,是一种看不见、摸不着的无形产物,项目决策主体可以通过项目决策事务、决策流程、决策制度等方面来感受它。决策氛围在决策主体之间不断的交流和互动中逐渐形成。制度的存在对于氛围的作用有限,最大的作用不过是起到一种最基本的保障性作用。决策组织内的决策氛围好坏,表现在决策主体之间的相互合作是否顺利;同样,企业文化也是影响决策氛围的重要因素。良好的企业文化,可以提高决策主体的工作热情,可以营造出一种相互信任、相互理解、相互激励、相互关心的人际关系,从而形成相似的价值观念,产生很强的凝聚力。以上提到的两种因素,决策主体间的配合(U_{21})与企业文化(U_{22}),共同构成了评价决策氛围的两项指标。

①决策主体间的配合(U_{21})

决策组织从制度层面确定了不同部门、不同岗位之间的明确分工,岗位之间的明确分工明确了不同决策主体之间的责任,为良好的合作形成了前提保障。决策主体间的配合,涉及人与人之间的沟通,无法用定量指标进行衡量,故而只能通过问卷调查的形式,综合决策主体的感受并核算成分数体系。

②企业文化(U_{22})

企业文化是企业在经营管理过程中创造的具有企业特色的文化总和。企业文化往往会影响企业员工的共同理想、基本价值观、作风、生活习惯和行为习惯,等等。企业文化延续到项目决策活动中,即为项目决策的决策氛围。对于企业文化,往往不能用优劣好坏来进行评价,一种轻松愉快的企业文化与一种铁血军旅作风的企业文化根本不能相提并论,根据企业性质的不同,企业文化的需求也必然不同。在评价过程中,我们通常采用对项目人员进行性格测试,从而确定抽测众人的价值观是否相似、对于企业文化的理解是否相同。如果测试结果证明项目人员对于企业文化拥有一致性的认识,那么则证明企业文化是成功的。为了抽样的方便,我们选择的项目人员与其他问卷中的决策主体选择相同。通常,我们可借用几种较为常用的企业文化评价模型,用计算机、网络测评方法完成调研。

(2)决策制度(E_4)

布坎南认为,决策的好坏取决于决策制度,不同的制度安排会带来不同的决策结果。我们认为决策制度包括约束决策主体的一些行为准则、决策中要遵照的一些原则、决策的固定流程以及一些奖惩制度等。在企业项目决策中,决策规则至关重要。这里对决策制度主要从制度健全度(U_{23})和决策程序化(U_{24})两个方面来进行分析,据此判断被评对象在制度规则方面的绩效状况。

①制度健全度(U_{23})

制度健全度需要从定性、定量两个角度进行考察。

从定性的角度来看,主要考察项目决策制度条文是否类别清晰、种类齐全。同时也要考察相关条文的规定是否切合实际、易于操作和监督。如果仅仅只有原则性的规定,或是仅有操作条文没有监督检查条文,则起不到相应的作用。这一项定性的指标将由相关领域专家利用德尔菲法进行评价。

从定量的角度来看,制度的健全程度直观地反映在决策制度的子类别数目的多少、条文数目的多少以及条文总体统计字数的多少,但这一定量指标的参考值标度小于定性指标的参考价值。

②决策程序化(U_{24})

按照决策的常规性程度,决策可以分为程序化决策和非程序化决策两种类型。程序化决策指的是针对出现的决策问题存在着既定方案或程序可以快速提出配套的解决方案。决策程序化反映了项目组织的快速决策能力,从侧面反映了项目组织的严密性与成熟度。决策程序化程度,需要以下两个具体指标:其一,决策案例的保有数量;其二,项目决策中遇到非程序化决策概率。此外,影响决策程序化程度的要素还包括组织的学习能力,可以通过组织的年龄、学历、项目氛围等有所体现,可将其合并到其他指标项目之下,此项中不做考虑。

$$\text{非程序化决策率} = 1 - \frac{\text{程序化决策数目}}{\text{项目中决策总数目}} \times 100\% \qquad (5-4)$$

(3)决策组织设计(E_5)

一个决策组织的设置及设置的完整性,可以客观地反映组织的运作是否规范。通过决策组织之中各个决策主体之间的合理分工与相互协作,可以维持着决策系统有效运转。决策组织设计也是影响决策系统的重要指标。对决策组织设计的评价,也可从两点着手进行,首先是组织设置的合理性和有效性,其次是决策组织的效率。

①组织设置(U_{25})

组织设置这一指标,是为了科学地评价决策组织设置的合理性与有效性。决策活动存在于海装制造企业项目的所有环节,在很多时候决策活动的组织结构即是海装制造企业项目的一部分,或是直接重合。对此进行评价的时候,我们选择了机构设置合理性以及决策宽度两个指标进行测度。机构设置合理性是对决策组织进行分析，分别计算在决策组织中决策制定者以及决策执行者的比重；决策宽度的概念借鉴了管理学中管理宽度这一概念。管理宽度通常指一名主管人员有效地监督、管理其直接下属的人数。同样地，在决策组织中，每一层级的管理者其直接下属的人数均是有上界的，当管理人数超过了决策宽度时，决策组织的效率将随着管理人数的增加而逐渐下降。

机构设置合理性：

$$决策制定者比重 = \frac{决策制定者人数}{项目中决策总人数} \times 100\% \tag{5-5}$$

$$决策执行者比重 = \frac{决策执行者人数}{项目中决策总人数} \times 100\% \tag{5-6}$$

决策宽度：

$$决策平均宽度 = \frac{决策主体总人数}{决策制定者人数} \tag{5-7}$$

②组织效率（U_{26}）

遵循组织结构评价的思路，除了组织设置的相关因素外，决策组织的效率也是评价组织结构设计的重要指标。组织效率的高低往往是人力绩效的直观评价，组织的效率可以反映出一个组织的积极程度。计算组织效率的指标可以选择以下两项指标，一项是指项目员工劳动生产率，一项是项目平均管理人数。

项目员工劳动生产率：

$$项目员工劳动生产率 = \frac{项目投资总额}{项目总人数} \tag{5-8}$$

项目平均管理人数：

$$项目平均管理人数 = \frac{定岗定编项目管理人员总数}{项目总数} \tag{5-9}$$

3. 决策信息（U_3）的评价指标

决策信息指的是决策主体在决策过程中作出正确决策的信息依据以及决策过程中利用的信息技术手段等相关因素。决策信息贯穿决策过程的始终，是决策系统最重要的支持要素。单纯就信息要素而言，决策信息包括环境信息和内部信息两种，环境信息主要是指来自组织外部环境的信息，这类信息的特点是量大且零散，具有很强的变化性、随机性以及冗余性；内部信息主要是指反映一个组织内部活动产生的信息，这类信息种类较多，一般是在事务处理过程中直接记录的信息。这两种信息经过一定的数学方法和技术手段加工处理后，作为决策系统的输入数据，是决策制定者的基本参照依据，此外，在决策过程中可存在新生成信息资源。在本书中，从信息要素的角度分析决策信息，即评价项目决策信息能力。这里的决策信息能力（E_6）是指项目组成员在决策过程中所使用的信息能力，包括信息的搜集、处理以及利用的能力。决策信息能力属于软实力的一种，并不能用具体的定量指标进行衡量，故而我们需要用调查问卷的形式完成对数据的采集。从内外两种层面分析，决策信息能力以决策各主体的信息能力为端点，以各主体之间的连接渠道为线索，以外部人员提供的信息为补充，构成了整个项目的决策信息能力体系。这3部分共同构成了决策信息能力，我们将它们分别标记为主体信息能力（U_{31}）、决策信息渠道（U_{32}）。

（1）决策主体信息能力（U_{31}）

决策主体的信息能力是指决策主体的信息资源管理能力，这种能力包括信息资源的获取能力、信息资源的加工、处理能力以及信息资源的利用能力。这种信息能力的评价将通过问卷调查的方式进行获取。我们想要获得的具体指标如下。

①信息资源建设情况（U_{311}）

企业、项目组拥有的信息资源的质量和数量；信息源的深广度；信息资源的保密程度；信息资源的共享程度。

②信息资源的获取能力（U_{312}）

信息采集的灵敏度；信息采集路径的广泛性；采集到的信息的准确性与及时性；信息采集方法的科学性等。

③信息资源的加工、处理能力（U_{313}）

信息资源的加工、处理方法与手段；信息资源加工、处理的及时性；信息资源的整合情况。

④信息资源的利用能力（U_{314}）

信息资源的利用能力是指利用已有信息做出有效行为的能力，对决策信息的利用能力主要是指综合利用此种信息制定备选方案的能力。这种能力往往通过信息利用完全度、备选方案有效度来衡量。

（2）决策信息渠道（U_{32}）

决策信息渠道是指主体与主体之间决策信息进行传递的通路。决策信息渠道的通畅性影响了决策的质量与效率。决策信息的沟通主要存在两种形式：正式沟通和非正式沟通。非正式沟通是决策主体在相互之间的交往中自发形成的，存在以口信为主要载体的信息沟通网络。非正式沟通某种程度上可以完成信息的快速交互，但是过于盛行的非正式沟通亦将会严重影响工作秩序。正式沟通是决策组织建立的有效的沟通制度以及信息载体平台，是在项目进行过程中主要的协调、沟通工具。决策信息渠道通畅性也需要在调查问卷中提出，综合调查问卷的结果了解项目组织中决策信息传递是否通畅。

4. 决策支持（U_4）的评价指标

决策支持主要指在决策过程中对于决策起到支持作用的若干指标。决策支持主要体现在决策外部的人或者事物对于决策内部运行的辅助作用。我们用决策支持能力（E_7）衡量这一指标。在本书中，我们将决策支持分为两个部分。其一，是人对于决策的支持作用，主要包括决策组织体系、项目组之外的人员给决策主体提供的帮助。这类支持大部分表现在信息资源的提供上，即外脑（咨询公司、专家学者等）针对决策问题的见解、对于决策环境的辨析、对于决策过程的辅助，等等。针对此项，我们设置了决策外脑支持（U_{41}）这一指标。其二，是事物对于决策的支持作用。随着全球信息化的进程，决策信息化极大地改变了决策的方式。从外部表现来看，信息化决策通过电子设备以及决策信息平台的应用，改变了决策的方式，大大地提高了决策的效率和质量；从内部作用方式来看，信息化决策改变了人们对于决策的观感，便利了决策信息的搜集与处理，使得决策更加规范化、科学化。经过对文献的查找与研究，并结合扎根理论对于企业项目的深入研究，我们设定了电子设备普及（U_{42}）和决策信息技术（U_{43}）两个指标。

①决策外脑支持（U_{41}）

现代企业中，外脑支持对决策信息起到了极大的补充作用。外脑支持往往只体现在较高层级的决策过程中，针对一些项目重要的问题，如组织结构设计、产品研发、人力资源等方向给予帮助。决策外脑支持的指标主要有项目决策外脑支持平均人数以及项目决策外脑支持门类数，这一数据可以通过对项目财务、人事数据统计得出。

项目决策外脑支持平均人数：

$$\text{项目决策外脑支持平均人数} = \frac{1}{n} \times \frac{\sum_{i=1}^{n} \text{项目决策外脑支持人数}}{\text{项目总数}} \tag{5-10}$$

项目决策外脑支持门类数目：

$$\text{项目决策外脑支持平均门类数} = \frac{1}{n} \times \frac{\sum_{i=1}^{n} \text{项目决策外脑支持门类数目}}{\text{项目总数}} \tag{5-11}$$

②电子设备普及（U_{42}）

决策中可以使用的电子设备有很多，包括电话、传真等通信设备，平板电脑、计算机等电子设备，更广范围内还包括 Internet/Intranet/Extranet 等网络与电子设备的连接状况、项目中操作电子设备的信息专业人才等。衡量电子设备普及度的指标包括电子设备人均数量、电子设备联网率、信息人才比例 3 项。

电子设备人均数量：

$$\text{电子设备人均数量} = \frac{\text{决策用电子设备总数}}{\text{决策总人数}} \tag{5-12}$$

电子设备联网率：

$$电子设备联网率=\frac{决策用电子设备联网数目}{决策用电子设备总数}\times 100\% \tag{5-13}$$

信息人才比例：

$$信息人才比例=\frac{决策中信息人才数目}{决策总人数}\times 100\% \tag{5-14}$$

③决策信息技术（U_{43}）

决策信息技术主要是指对决策起支持作用的一系列软件的应用水平，这些软件主要包括关系信息系统（Management Information System，MIS），企业资源计划（Enterprise Resource Planning，ERP），决策支持系统（Decision Support System，DSS）等。衡量决策信息技术的指标主要包括决策信息技术投资比重、决策信息系统平台的保有量和企业数据规模3种。决策信息系统平台保有量可以用实际应用的软件系统数目来度量，决策信息技术投资比重通过年度结算时的投资额进行计算（公式如下），数据规模客观地表征企业数据的存量情况，以GB为单位。

$$决策信息技术投资比重=\frac{1}{项目总数}\times\frac{企业年度信息技术投资总额}{企业固定资产投资总额}\times 100\% \tag{5-15}$$

5. 决策结果（U_5）的评价指标

决策结果是评价决策优劣的重要指标，决策结果的考量可以让主要管理者了解最终采纳的决策的方案是否科学合理，从而发现现有决策系统存在的不足，以便对决策系统进行修正和调整。

从主观层面，我们需要考察决策的满意度。赫伯特·A. 西蒙提出了决策的“满意原则”，即是由于环境的复杂性、主体的“非理性”等原因，绝对的最优化决策往往不存在，故而在实际的决策过程中，项目决策主体们往往退而求其次，转而追求一种“令人满意”的决策方案。故而，在评价决策绩效时，我们需要考察决策的满意度。一方面是客户的满意度，其往往受到了更广泛的关注，这是决策效果比较直接的体现；另一方面是较为容易忽略的员工的满意度，员工是否满意可以反过来影响决策的质量、工作的积极性，是需要充分考虑的情况之一。

从客观层面，对于决策的考察，还有一个决策时间的衡量。决策时间是决策衡量的重要指标，它一方面可以反映出组织的效率，另一方面也可以体现出组织的决策能力。

从客观层面，我们主要考虑具有明确的计算公式与相关数据、反映客观实际情况的指标。尤其是在有明确的决策客体——海装制造企业项目决策系统的情况下，决策客观指标往往要充分考虑项目决策系统的特异性。针对海装制造企业项目决策系统讨论,我们的项目整体目标往往是一笔订单即一套海洋工程装备。由此,我们的项目决策整体绩效评价必须要从海装制造企业项目的三大需求出发进行评价。

首先,是财务状况,海装制造企业项目属于大投资额、工期长的项目,在项目持续过程中,资金链需要得到充分的保证。

其次,是项目工期问题,现代项目管理全寿命周期理论对时间目标的管理增加了许多新的内容,在项目施工期、投资回收期、维修或更新改造的周期外,还要考虑工程的设计寿命和服务寿命。在这里,我们仅仅针对绩效评价的现实性考虑,以施工期为考察点。在项目施工阶段按计划、按工期交工是海装制造企业项目中的必须要关注的要点。

再次,项目质量也是重要需求之一。一方面,项目的质量好坏影响到是否需要维修、保修等复杂的人事安排;另一方面,装备的质量关系到海装制造企业的口碑,在竞争日益激烈的今天,良好的企业形象是获取订单的保障之一。

根据以上分析,我们在评估项目决策绩效时,需要将这三点加入考虑范围之内。另外,对于项目而言,决策结果体现在项目的总体收益上,现代企业往往追求的是利润最大化即是效益最大化,故而项目收益是必须考虑的指标之一。

结合对于决策绩效指标的分析,我们将本项指标分别列为以下4项:决策满意度(U_{51})、决策失误率(U_{52})、决策时间(U_{53})和决策收益(U_{54})。

(1)决策满意度(U_{51})

决策满意度分为客户满意度和员工满意度两项,主要利用问卷调查的形式获取数据。对于客户满意度,主要需要了解的指标有项目质量、企业品牌、服务态度、主观感受等;对于员工满意度,主要需要了解的指标有决策执行方案满意度、决策参与满意度、决策激励满意度,等等。

(2)决策失误率(U_{52})

项目决策失误率主要是指在项目决策中出现决策失误的概率的大小。

①项目资金失误率(U_{521})

海装制造企业项目资金需求量大,其订单金额往往不能够一步到位,在建设过程中需要其他来源的资金支持,比如银行贷款、企业融资等多种方式。为了计算项目资金失误率这一指标,我们选择以下两个具体的指标。

资金未到位率:

$$资金未到位率 = \frac{实际拨付到账资金额}{订单资金总额} \times 100\% \tag{5-16}$$

资金超预算率：

$$资金超预算率=\frac{项目实际花费金额-项目预算金额}{项目预算金额}\times 100\% \quad (5-17)$$

②项目工期延误率（U_{522}）

海装制造企业项目具有周期长、工艺繁复的特点，所以项目进度是项目管理的重要方面，项目工期延误也是项目失误的指标之一。

$$项目工期延误率=\frac{1}{n}\sum_{i=1}^{n}\frac{项目实际工期-项目计划工期}{项目计划工期}\times 100\% \quad (5-18)$$

③项目质量不合格率（U_{523}）

对于制造型企业而言，产品质量是重要的评价指标。质量的含义较为广泛，包括工作质量、工程质量、产品质量，等等。在海装制造企业项目评价中，我们侧重的质量主要指的是项目施工质量，这种质量要素实质上等价于海洋工程装备的质量。它既可以反映出前期装备设计质量的优劣，又预示了项目运营的质量。为了考察项目质量不合格率，我们并不考察“项目建成率”这一指标，而是考察“项目平均返修次数”这一指标。

$$项目返修平均次数=\frac{1}{n}\times\frac{\sum_{i=1}^{n}项目返修次数}{项目总数} \quad (5-19)$$

（3）决策时间（U_{53}）

决策时间是衡量决策效率的重要客观指标，也是决策系统有效性的指标之一。决策时间的具体指标主要有以下两个方面：其一，是决策从发现决策问题到拿出较为满意决策执行方案的时间跨度，称为决策制定时间；其二，是当环境发生变化或者出现问题时，到决策组织基本构建完成，准备进入决策阶段的时间，称为决策响应时间。这两种数据通常不在项目统计数据之中，为此我们特意制作了一张决策时间统计表，交由高、中、低三层管理者进行记录，并一定时间（1个月）回收一次进行统计。

（4）决策收益（U_{54}）

对于海洋工程装备制造项目，决策收益包含经济效益、社会效益等多个方面，在这里我们主要考虑项目的经济效益，其具体指标用项目投资回报率来表述。

$$项目投资回报率=\frac{1}{n}\sum_{i=1}^{n}\frac{项目利润}{项目投资总额}\times 100\% \quad (5-20)$$

第四节　我国海装制造企业项目决策系统运行绩效的评价方法

一、AFD 综合评价法的适用性分析

（一）网络层次分析法的适用性

网络层次分析法（Analysis Network Process，ANP）是美国教授 T. L. Saaty 在 1996 年提出的一种多属性决策方法，主要适用于非独立递阶的层次结构。ANP 方法由 AHP 方法发展而来，但应用 AHP 方法的基本前提是假设各层次之间的元素必须相互独立，从而导致 AHP 方法在使用时有很大的局限性，不能应用于元素之间存在着依存或反馈关系的复杂系统。ANP 方法的提出很好地弥补了 AHP 方法的缺陷，以网络形式表现元素间的相互影响，更符合实际系统的情况。

ANP 方法首先将决策系统划分为两大层次，分别为控制因素层和网络层。控制因素层包含决策目标以及决策准则。决策目标必须存在，决策准则必须保证相互之间独立且受决策目标支配。网络层由所有受控制因素层支配的元素组成，其内部是相互影响的网络结构。该层级中的元素并不完全独立，它们相互依存、相互支配，共同组成了一个相互影响的网络体系。ANP 典型结构模型如图 5－3 所示。

（二）模糊综合评价法的适用性

模糊综合评价法（Fuzzy Comprehensive Evaluation，FCE）适合在模糊环境下考虑多种影响因素，对事物作出综合决策的判断，具有系统性和模糊性的特点。海装制造企业决策系统涉及诸多方面，非常适合此方法。

FCE 方法具有对因素多、结构层次复杂的对象系统进行评价的作用，同时结果以向量形式出现，具有可提供丰富信息、可评价主观因素和客观因素等优势。

（三）决策试验与评价实验法的适用性

决策试验与评价实验法（Decision Making Trial and Evaluation Laboratory，DEMATEL）是一种系统分析方法，通过系统中各元素之间的逻辑关系，计算每个因素影响其他因素的影响度及受其他因素影响的被影响度，进而计算出每个因素的中心度和原因度，获得进一步分析的数据基础。这种方法是因素分析与评价的有效方法，可以充分参考专家的意见或经验，将要素不确定的复杂系统简单化，经过分析得出进一步的决策方案、对策方法，尤其适用于因素关系不确定的系统。

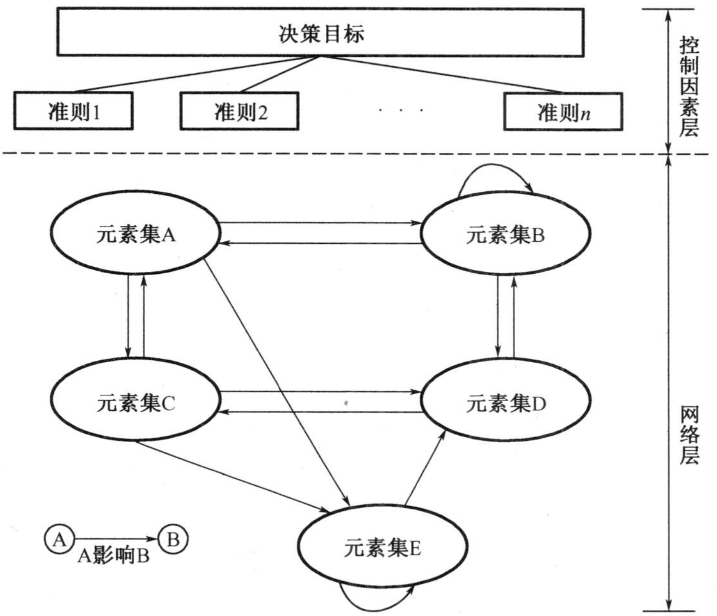

图 5－3 ANP 典型结构模型

二、AFD 综合评价模型

在本书中，我们提出了网络层次分析法（ANP）、模糊综合评价法（FCE）以及决策试验与评价实验法（DEMATEL）三种方法相结合的一种综合评价模型，简称为“AFD 综合评价模型”。该评价模型在传统的 ANP 方法的基础上，融合了模糊综合评价的思想，充分考虑了在决策系统运行绩效评价过程中的各种因素以及结果具有一定的不可度量性，即很难对其进行精确的数字描述。同时在进行模糊评价之后，利用 DEMATEL 方法对影响决策系统的各项指标进行影响程度关联分析，判定各指标对决策绩效的影响程度排序，以便保障决策系统的有效运行以及进一步提出优化决策系统的策略。

（一）AFD 综合评价模型的构成要素

在这里，AFD 综合评价模型主要包括 4 个部分和 8 个基本要素：

1.4 个部分

（1）基于 ANP 的网络层次结构模型构建；

（2）基于 F－ANP 的指标权重确定；

（3）基于模糊综合评价法的综合评价；

(4)基于 DEMATEL 的指标影响程度分析。

2.8 个基本要素

(1)网络层次模型

依据 ANP 方法构建的网络层次模型,是进行综合评价的基础。该模型中,包含目标层(海装制造企业项目决策系统运行绩效)、准则层(决策主体、决策组织、决策信息、决策支持、决策结果)、网络层(20 个指标及其相互关系)。

(2)因素集 U

U 是指标体系中的影响项目决策系统的指标的集合与分类。

(3)评语集 V

V 是综合评价中各种评语组成的集合,本质上是对评价对象的所在评价区间的划分,如将评价等级划分为好、较好、一般、较差、差五个等级,这里的好、较好等即是评语集的组成元素。

(4)指标体系权重 $\boldsymbol{W}$

$\boldsymbol{W}$ 代表了评价指标对于评价对象中的影响程度,是通过F－ANP方法计算得到的权重矩阵,在综合评价中用于对指标评价值做加权处理。

(5)模糊判断矩阵 $\boldsymbol{F.R}$

$\boldsymbol{F.R}$ 表征了模糊关系,是专家基于对项目决策系统的充分了解对于单因素评价的结果,是综合评价中数据处理的主要对象。

(6)模糊合成算子“∘”

“∘”是指将权重 $\boldsymbol{W}$ 与模糊关系 $\boldsymbol{F.R}$ 合成得到最终结果时选用的计算方法,根据对结果的不同需求,一般有不同的模糊算子以供选择。

(7)评价结果向量 $\boldsymbol{B}$

$\boldsymbol{B}$ 是对于某个具体的对象评价后,得到的分等级后的程度描述,最终依据最大隶属度原则可以判断出评价对象的隶属等级。

(8)指标综合影响关系 R,C,M,U

R,C,M,U 分别代表了影响度、被影响度、中心度以及原因度四种影响关系指标,通过对于每个指标的影响关系计算,判断各指标对于目标的影响程度。

(二)AFD 综合评价方法的评价流程

由此,可以归纳出 AFD 综合评价方法的评价流程,该流程可以如图 5－4 所示。

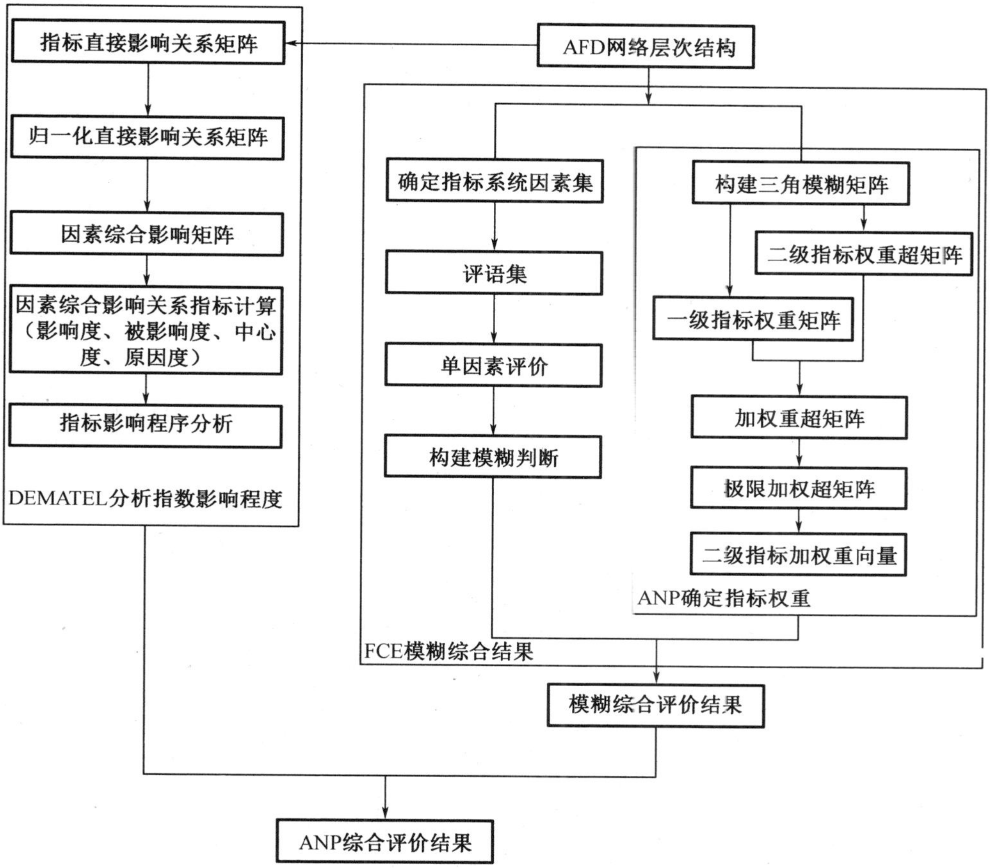

图 5－4　AFD 综合评价方法评价流程图

1. 构建网络层次模型

在 AFD 方法中，首先要建立决策问题的网络层次结构模型，如图 5－5 所示。

2. 确定指标体系因素集和评语集

通过图 5－5 来建立项目决策系统因素集，因素集是由可以对评价对象产生影响的各个因素所组成的集合，可以表示为：$E=\{e_1,e_2,\cdots,e_n\}$。

其中，元素$e_i(i=1,2,\cdots,n)$是评价对象的若干影响因素。

评价集是各位评审对于不同评价指标的可能的评语集合，是对于评价对象不同层次评价的语言描述，可表示为：$V=\{\boldsymbol{v}_1,\boldsymbol{v}_2,\cdots,\boldsymbol{v}_m\}$。

其中，元素 $\boldsymbol{v}_j(j=1,2,\cdots,m)$是对评判对象可能作出的评判结果，称为评价等级。每个评价等级是一个模糊的向量，该向量表征了各评价等级中的隶属度信息，最终体现了评价的模糊特性。

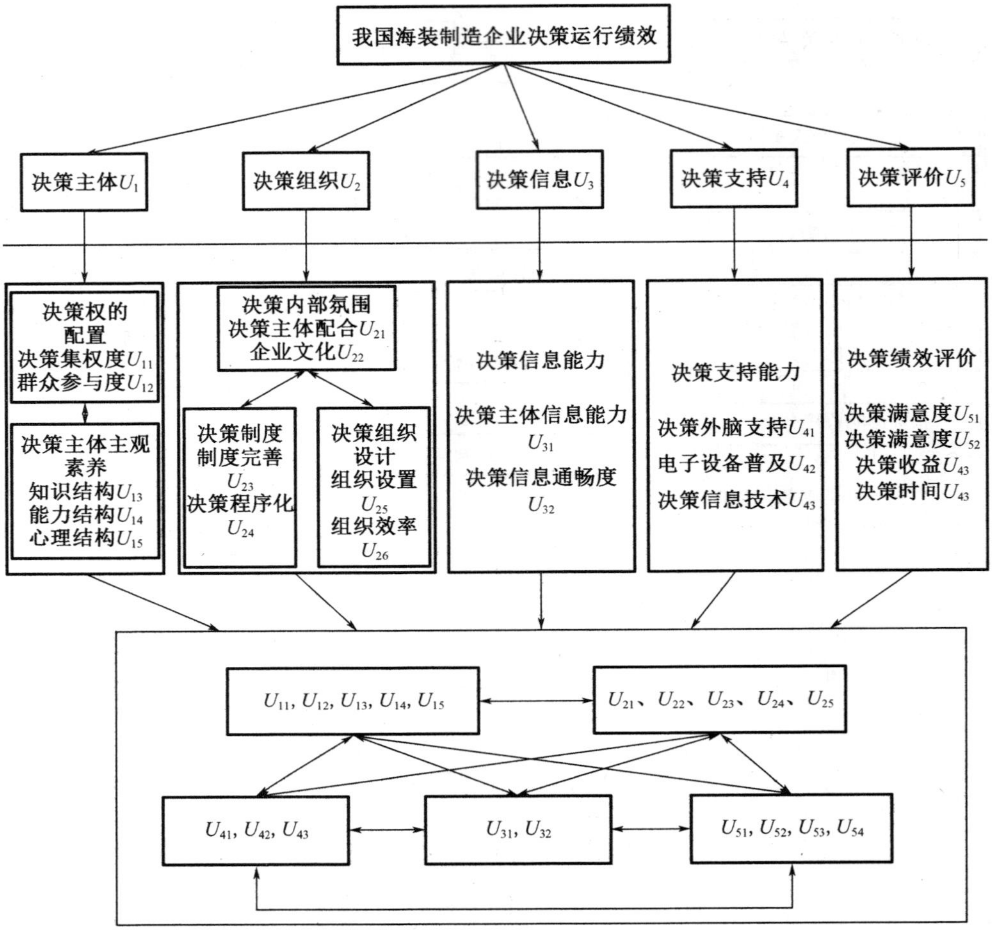

图 5－5　海装制造企业决策系统运行绩效评价的网络层次结构图

3. 确定评价指标权重

(1)三角模糊数构建互补判断矩阵

设判断矩阵 $\boldsymbol{p}=(p_{ij})_{n\times n}$，其中 $p_{ij}=(a_{ij},b_{ij},c_{ij})$，$p_{ji}=(a_{ji},b_{ji},c_{ji})$，若同时满足 $a_{ij}=b_{ij}=c_{ij}=0.5$ 和 $a_{ij}+c_{ji}=b_{ij}+b_{ji}=c_{ij}+a_{ji}=1$，则我们称 $\boldsymbol{p}$ 为三角模糊数互补判断矩阵，其中 p_{ij}反映了不同指标 i 和 j 之间重要程度比较值。

利用三角模糊数进行评价时，p_{ij}中的(a_{ij},b_{ij},c_{ij})的三个不同数值分别表示指标 i 比指标 j 的相对重要程度的最悲观值、最可能值和最乐观值。其中 a_{ij}，c_{ij}决定着整体的模糊程度，为明确信息，不存在模糊度。三角模糊数的取值我们采用0.1～0.9的标度方法，其代表的具体含义如表 5－6 所示。

表 5-6　三角模糊数取值表及其含义解释

标度	解释
0.1	第一个因素与第二个因素相比,极端不重要
0.2	第一个因素与第二个因素相比,明显不重要
0.3	第一个因素与第二个因素相比,不重要
0.4	第一个因素与第二个因素相比,稍微不重要
0.5	第一个因素与第二个因素相比,同等重要
0.6	第一个因素与第二个因素相比,稍微重要
0.7	第一个因素与第二个因素相比,重要
0.8	第一个因素与第二个因素相比,明显重要
0.9	第一个因素与第二个因素相比,极端重要

(2)构造加权超矩阵

以元素组 Z_1 为例,在某一准则情况下,以对 Z_1 中的元素 $Z_{1I}(I=1,2,\cdots,n_1)$ 的影响程度为次准则,根据标度表和三角模糊数的基本理论构造两两互补判断矩阵 $\boldsymbol{p}_1$。

$$\boldsymbol{p}_1=[p_{ij}]_{n_1\times n_1}=\begin{bmatrix} p_{11} & p_{12} & \cdots & P_{1n_1} \\ p_{21} & p_{22} & \cdots & p_{2n_1} \\ p_{31} & p_{32} & \cdots & p_{3n_1} \\ \vdots & \vdots & & \vdots \\ p_{n_1 1} & p_{n_1 2} & \cdots & p_{n_1 n_1} \end{bmatrix} \tag{5-21}$$

其中,$p_{ij}=(a_{ij},b_{ij},c_{ij})$,根据上文介绍的三角模糊数的性质,当 $i=j$ 时,$p_{ij}=(0.5,0.5,0.5)$;当 $i\neq j$ 时,$a_{ij}+c_{ji}+b_{ij}+b_{ji}+c_{ij}+a_{ji}=1$。

(3)确定加权超矩阵

设 W_{11} 表示在某一准则下,以元素组 Z_1 中某一元素 $Z_{1i}(i=1,2,\cdots,n_1)$ 的影响程度为次准则,通过计算得出的 Z_1 中元素的重要程度。具体计算过程如下。

第一步:设三角模糊数 $p_{ij}=(a_{ij},b_{ij},c_{ij})$,计算 $Z_{ij}(i=1,2,\cdots,n_1)$ 的综合重要程度 V_{1i}。

$$V_{1i}=\sum_{j=1}^{n_1}p_{ij}\otimes\left[\sum_{i=1}^{n_1}\sum_{j=1}^{n_1}p_{ij}\right]^{-1}(i=1,2,\cdots,n_1;j=1,2,\cdots,n_1) \tag{5-22}$$

式中

$$\sum_{j=1}^{n_1}p_{ij}=\left(\sum_{j=1}^{n_1}a_{ij},\sum_{j=1}^{n_1}b_{ij},\sum_{j=1}^{n_1}c_{ij}\right)$$

$$\left[\sum_{i=1}^{n_1}\sum_{j=1}^{n_1}p_{ij}\right]^{-1}=\left[\sum_{i=1}^{n_1}\sum_{j=1}^{n_1}a_{ij}\sum_{i=1}^{n_1}\sum_{j=1}^{n_1}b_{ij}\sum_{i=1}^{n_1}\sum_{j=1}^{n_1}c_{ij}\right]^{-1}$$
$$=\left(\frac{1}{\sum_{i=1}^{n_1}\sum_{j=1}^{n_1}c_{ij}},\frac{1}{\sum_{i=1}^{n_1}\sum_{j=1}^{n_1}b_{ij}},\frac{1}{\sum_{i=1}^{n_1}\sum_{j=1}^{n_1}a_{ij}}\right) \tag{5-23}$$

第二步:求 $V_{1i}\geqslant V_{1f}$的可能性程度 $R(V_{1i}\geqslant V_{1f})$。

$$R(V_{1i}\geqslant V_{1f})=\begin{cases}1 & b_{ij}^{1i}\geqslant b_{ij}^{1f}\\ \dfrac{c_{ij}^{1i}-a_{ij}^{1f}}{c_{ij}^{1i}-a_{ij}^{1i}+b_{ij}^{1i}-b_{ij}^{1i}} & b_{ij}^{1i}\geqslant b_{ij}^{1i},a_{ij}^{1i}\leqslant c_{ij}^{1i}\\ 0 & 其他\end{cases} \tag{5-24}$$

式中,$i,j,f=1,2,\cdots,n_1$,且 $1\neq f$。

第三步:计算权重向量 $\boldsymbol{W}_{11}^{1i}$。

确定 Z_1 的 $Z_{1i}(i=1,2,\cdots,n_1)$重要于其他元素的可能性程度 $d'(Z_{1i})$:

$$d'(Z_{1i})=\min[R(V_{1i}\geqslant V_{1f})] \tag{5-25}$$

依次求得 Z_1 中的所有 $d'(Z_{1i})$后,将所有的值进行组合,得出权重向量 $\overline{\boldsymbol{W}}_{11}^{1i}=[d(Z_{11}),d(Z_{12}),\cdots,d(Z_{1n_1})]^{\mathrm{T}}$,对其进行归一化整理得权重向量 $\boldsymbol{W}_{11}^{1i}$。

第四步:计算超矩阵局部权重向量 $\boldsymbol{W}_{11}$。

按照以上步骤,重复计算出 n_1 个 $\boldsymbol{W}_{11}^{1i}$,整理 $\boldsymbol{W}_{11}=[\boldsymbol{W}_{11}^{11},\boldsymbol{W}_{11}^{12},\cdots,\boldsymbol{W}_{11}^{1n_1}]^{\mathrm{T}}$。

第五步:计算全部的超矩阵局部权重向量 $\boldsymbol{W}_{ij}=(i,j=1,2,\cdots,N)$。

按照以上步骤,分别计算出 $\boldsymbol{W}_{22},\boldsymbol{W}_{33},\cdots,\boldsymbol{W}_{NN}$。

当 $i\neq j$ 时,其计算步骤也与上述相同,此时的 $\boldsymbol{W}_{ij}$表示的是以元素组 Z_i 中的各元素影响程度为次准则,将元素组 Z_j 中的元素两两比较构造模糊评判矩阵,然后计算出超矩阵局部权重向量。

第六步:构造超矩阵 $\overline{\boldsymbol{W}}$ 和加权超矩阵 $\boldsymbol{W}$。

将所有的超矩阵局部权重向量 $\boldsymbol{W}_{ij}$重新组合即得到超矩阵 $\overline{\boldsymbol{W}}$:

$$\overline{\boldsymbol{W}}=[\boldsymbol{W}_{ij}]_{N\times N}=\begin{bmatrix}\boldsymbol{W}_{11} & \boldsymbol{W}_{12} & \cdots & \boldsymbol{W}_{1N}\\ \boldsymbol{W}_{21} & \boldsymbol{W}_{22} & \cdots & \boldsymbol{W}_{2N}\\ \boldsymbol{W}_{31} & \boldsymbol{W}_{32} & \cdots & \boldsymbol{W}_{3N}\\ \vdots & \vdots & & \vdots\\ \boldsymbol{W}_{N1} & \boldsymbol{W}_{N2} & \cdots & \boldsymbol{W}_{NN}\end{bmatrix} \tag{5-26}$$

把元素集看成元素,按照计算二级指标超矩阵的方法确定元素组的相对权重矩阵 $\boldsymbol{M}$。

$$\overline{\boldsymbol{M}}=[m_{ij}]_{N\times N}=\begin{bmatrix} m_{11} & m_{12} & \cdots & m_{1N} \\ m_{21} & m_{22} & \cdots & m_{N2} \\ \vdots & \vdots & & \vdots \\ m_{N1} & m_{N2} & \cdots & m_{NN} \end{bmatrix} \tag{5-27}$$

将相对权重矩阵 $\boldsymbol{M}$ 与超矩阵 $\overline{\boldsymbol{W}}$ 对应相乘得到加权超矩阵 $\boldsymbol{W}$：

$$\boldsymbol{W}=\begin{bmatrix} m_{11}\boldsymbol{W}_{11} & m_{12}\boldsymbol{W}_{12} & \cdots & m_{1N}\boldsymbol{W}_{1N} \\ m_{21}\boldsymbol{W}_{21} & m_{22}\boldsymbol{W}_{22} & \cdots & m_{2N}\boldsymbol{W}_{2N} \\ m_{31}\boldsymbol{W}_{31} & m_{32}\boldsymbol{W}_{32} & \cdots & m_{3N}\boldsymbol{W}_{3N} \\ \vdots & \vdots & & \vdots \\ m_{N1}\boldsymbol{W}_{N1} & m_{N2}\boldsymbol{W}_{N2} & \cdots & m_{NN}\boldsymbol{W}_{NN} \end{bmatrix} \tag{5-28}$$

(4)确定指标权重 $\boldsymbol{\omega}$

设加权超矩阵 $\boldsymbol{W}$ 的元素为 $\omega_{ij}(\omega_{ij}=m_{ij}\boldsymbol{W}_{ij})$，其大小表示元素 i 对元素 j 的影响程度。元素 i 对元素 j 的优势度可以通过 $\sum^{N}\omega_{ik}\omega_{kj}$ 得到，即为二步优势度 W^2。

设 $W^{\infty}=\lim\limits_{t\to\infty}W^t$，当其存在时，则 W^{∞} 的列向量即为网络层中各元素相对于目标的权重向量 $\boldsymbol{\omega}$。

4. 确定模糊判断矩阵

模糊判断矩阵是表征因素集中元素与评语集中元素之间相互关系的矩阵表示形式，矩阵中的值则是相互关系对应的隶属度。隶属度是表示元素对集合中隶属关系的数量指标，用来刻画模糊性。

(1)评价指标数据采集

对于本书中建立的指标体系，其中的20个指标记为$x_i, i\in 1,2,\cdots,20$。不同指标定义不同，且其单位及数量级的区别而存在着不可公度性，这就需要我们在综合评价指标值时进行相应的处理。因此，在对评价对象进行评价时，我们往往选择专家打分法，邀请相关领域的专家，利用其专业知识以及丰富的评判经验针对对象进行打分评价。这就需要我们尽可能充分地搜集相关数据，并对搜集到的数据进行一定的整理加工，以向专家提供可靠、优质的参考信息。本书利用调查问卷的方法完成对定性指标的采集，利用查阅统计文献及调阅企业内部数据甚至利用网络搜索数据的方法完成对定量指标的采集，在完成指标数据采集后，需要对数据进行去粗取精，剔除掉陈旧、冗余、虚假的信息，并将其整理形成直观工整的数据列表。

(2)模糊评判矩阵的建立

根据上述步骤采集数据，将其交由相关专家进行评阅，邀请各位专家依据专业素养评价各个指标的隶属度。本书中采用单因素评价法，建立从因素集到评语集之间的模糊判断矩阵 $\boldsymbol{R}$。

$$\boldsymbol{R}=\begin{bmatrix}R_1\\R_2\\R_3\\R_4\end{bmatrix}=\begin{bmatrix}r_{11}&r_{12}&r_{13}&r_{14}&r_{15}\\r_{21}&r_{22}&r_{23}&r_{24}&r_{25}\\\vdots&\vdots&\vdots&\vdots&\vdots\\r_{n1}&r_{n2}&r_{n3}&r_{n4}&r_{n5}\end{bmatrix}\tag{5-29}$$

模糊判断矩阵 $\boldsymbol{R}$ 表征了因素集与评语集之间的模糊关系，其中的元素 $r(0\leqslant r_{ij}\leqslant1)$ 即为因素集 U 中因素 U_i 与评语集 V 中等级 V_i 之间的隶属度。

5. 模糊综合评价关系计算

在对网络层次结构进行模糊综合评价时，评价的步骤是：判定该网络层次结构是否存在多个层次，如存在则首先在较低层次进行一级综合评价，然后再进行较高层次的二级综合评价，如有需要则可以进行更多级别的综合评价。依照本书中的评价指标网络层次结构，我们只进行到二级综合评价即可。

(1)模糊算子的选择

模糊综合评价基本模型为：$B=A\circ\boldsymbol{R}B=A\circ\boldsymbol{R}$，即

$$B=(b_1,b_2,\cdots,b_m)=(a_1,a_2,\cdots,a_n)\circ\begin{bmatrix}r_{11}&r_{12}&\cdots&r_{1m}\\r_{21}&r_{22}&\cdots&r_{2m}\\\vdots&\vdots&&\vdots\\r_{n1}&r_{n2}&\cdots&r_{nm}\end{bmatrix}\tag{5-30}$$

由上式可以看出，模糊综合评价集 B 可以由权重集 A 和模糊评价矩阵 $\boldsymbol{R}$ 经过合成运算求得。其中 B 中元素是评语集中元素的集合，n 表示进行评价的因素的分数，m 表示评价等级的个数。“$\circ$”为合成运算关系，称为模糊算子。常用的运算关系主要有 4 种，分别是主因素决定、主因素突出、不平衡平均以及加权平均，如表 5－7 所示。

表 5－7　常见的算子

序号	类型	模型	计算公式	信息利用度
1	主因素决定	$M(\wedge,\vee)$	$b_j=\overset{i=1}{\underset{n}{\vee}}(a_i\wedge r_{ij})$	不充分
2	主因素突出	$M(\cdot,\vee)$	$b_j=\overset{i=1}{\underset{n}{\vee}}(a_ir_{ij})$	不充分
3	不均衡平均	$M(\wedge,\oplus)$	$b_j=\min\{1,\sum_{i=1}^{n}(a_i\wedge r_{ij})\}$	比较充分
4	加权平均	$M(\cdot,+)$	$b_j=\sum_{i=1}^{n}a_ir_{ij}$	充分

表 5－7 中所描述的 4 种算子算式不同，每一种都有不同的使用范围。其中，主因素决定型算子忽略了其他因素，只考虑了主要影响因素，这导致该算子的计算结果中会忽略部分重要的信息，使结果精确性差；主因素突出型及不均衡平均型算子也是突出了主要影响因素，并加入了其他因素的一些影响。以上 3 种算子，主要适用于权重最大的主要因素起主导作用的情况。加权平均型算子则是依据不同元素的权重大小综合评价，其结果较为全面地反映了评价对象的特征，更适用于整体指标的评估与调整。本书需要综合考虑各个因素的影响情况并全面考察单个因素的评价指标，故而选用加权平均型算子进行计算。

（2）一级模糊综合评价

①建立一级模糊评判矩阵

利用前文中项目决策系统运行绩效评价指标体系的第二层因素集，可以得到各准则下的一级模糊评判矩阵为

$$\boldsymbol{R}_i=\begin{bmatrix} r_{11} & r_{12} & r_{13} & r_{14} & r_{15} \\ r_{21} & r_{22} & r_{23} & r_{24} & r_{25} \\ \vdots & \vdots & \vdots & \vdots & \vdots \\ r_{n1} & r_{n2} & r_{n3} & r_{n4} & r_{n5} \end{bmatrix} \tag{5-31}$$

②一级模糊综合评价因素权重集

根据确定指标权重向量的方法，我们可以计算得到海装制造企业项目决策系统影响因素一级模糊综合评价的因素权重集

$$A_i=(a_{i1},a_{i2},\cdots,a_{in}) \tag{5-32}$$

其中，$i=1,2,\cdots,20;n=i+1$。

（3）进行一级模糊综合评价

一级模糊综合评价结果可以利用以下公式进行计算，计算方法是针对第二层因素集中的因素以加权平均的方式得到：

$$B_i=A^{\circ}{}_iR_i=(b_{i1},b_{i2},b_{i3},b_{i4},b_{i5}) \tag{5-33}$$

其中，$i=1,2,3,4$。

（4）二级模糊综合评判

在一级模糊评价基础上，我们对各类因素之间的综合影响关系进行二级模糊综合评价，即针对网络层次结构中的更高级指标进行运算。

①建立二级模糊综合评判矩阵

二级模糊综合评价矩阵 $\boldsymbol{R}$，可由前文确定的一级模糊评价结果 B 构成，即为：

$$\boldsymbol{R}=\begin{bmatrix} B_1 \\ B_2 \\ B_3 \\ B_4 \end{bmatrix}=\begin{bmatrix} B_{11} & B_{12} & B_{13} & B_{14} & B_{15} \\ B_{21} & B_{22} & B_{23} & B_{24} & B_{25} \\ B_{31} & B_{32} & B_{33} & B_{34} & B_{35} \\ B_{41} & B_{42} & B_{43} & B_{44} & B_{45} \end{bmatrix} \tag{5-34}$$

②建立二级模糊综合评价因素权重集

二级模糊综合评价因素权重集亦可参照公式计算得出

$$A=(a_1,a_2,a_3,a_4,a_5) \tag{5-35}$$

③进行二级模糊综合评价

利用以上结果，可得出海装制造企业项目决策系统模糊综合评价结果为

$$B=A^\circ R=(b_1,b_2,b_3,b_4,b_5) \tag{5-36}$$

如果评判结果 $\sum_{j=1}^{m} b_j \neq 1$ ，应对其进行归一化处理，得到的结果才是最终的评价结果，该结果表明了评价对象对于评语集中不同级别评语的隶属程度。根据以上计算将指标排序，选出最优，根据该隶属度即可以确定该决策系统的评价等级。

(5)评价结果处理

在以上步骤中得到的评价结果均是一个模糊向量的形式，我们可以将得到的模糊评价向量或者归一化得到的向量作为最终结果。但是，我们也可以对该结果进行进一步的处理，得到更清楚、明确的结论。

一般意义上的评价结果处理方法分为两种，分别是最大隶属度法以及加权平均法。最大隶属度法主要考虑最大评价结果，忽略了其他较小的评价结果，一般适用于评价等级元素较多的情况，如元素数量较少，则可能存在误差较大的情况。加权平均法，也叫作反模糊化处理，利用权数 b_j 和评语集元素 v_j，进行加权平均以得到最终结果，即

$$v=\frac{\sum_{j=1}^{m} b_j v_j}{\sum_{j=1}^{m} b_j} \tag{5-37}$$

若评价指标 b_j 已归一化，即 $\sum_{j=1}^{m} b_j=1$ ，则

$$v=\sum_{j=1}^{m} b_j v_j \tag{5-38}$$

加权平均法全面反映了所有评价指标的贡献，一般来说效果较好。

6. 因素关系程度分析

(1)确定因素直接关系矩阵 $\boldsymbol{D}$

根据设定的评估尺度对元素两两之间的相互关系进行打分，其评分获得可以通过决策者的头脑风暴、专家的相关意见、调查问卷的结果汇总等。如果元素的个数为 n，将评分结果计入 $n\times n$ 矩阵，即为直接关系矩阵 $\boldsymbol{D}$。

(2)确定因素规范化直接影响矩阵 $\boldsymbol{X}$

对直接关系矩阵进行规范化计算，方法为找到矩阵行和、列和中的最大值，确定影响因子 λ，利用 λ 对因素直接关系矩阵 $\boldsymbol{D}$ 进行处理，得到因素规范化直接影响

矩阵 $\boldsymbol{X}$。

令 $\lambda = \min\left(\frac{1}{\max\limits_{1\leqslant i\leqslant n}(\sum\limits_{j=1}^{n} d_{ij}), \max\limits_{1\leqslant i\leqslant n}(\sum\limits_{j=1}^{n} d_{ij})}\right)$，标准化直接关系矩阵$\boldsymbol{X} = \lambda \times \boldsymbol{D}$。

(3)确定因素综合影响矩阵 $\boldsymbol{T}$

根据既得规范化直接影响矩阵 $\boldsymbol{X}$，计算因素综合影响矩阵 $\boldsymbol{T}$。

因素综合影响矩阵 $\boldsymbol{T} = [t_{ij}]n\boldsymbol{X}_n$，即 $\boldsymbol{T} = \boldsymbol{X} + \boldsymbol{X}^2 + \cdots + \boldsymbol{X}^n$。

当因素个数 n 充分大时，$\lim\limits_{n\to\infty}\boldsymbol{X}'' = 0$，综合影响矩阵可以用以下公式计算，即

$$\boldsymbol{T} = \sum_{n=1}^{\infty} \boldsymbol{X}^K = \boldsymbol{X}(\boldsymbol{I} - \boldsymbol{X})^{-1}$$

其中，$\boldsymbol{I}$ 为单位矩阵；t_{ij}为元素 i 对元素 j 的影响程度。

(4)确定因素综合影响指标

因素综合影响指标主要包括四种指标，分别是影响度、被影响度以及原因度、中心度。其中，影响度是指该因素对其他因素的关系影响程度总和，用字母 R 表示；被影响度是指其他因素对该因素的关系影响程度总和，用字母 C 表示；中心度是指第 i 个因素影响及被影响的程度总和，用字母 M 表示；原因度是指第 i 个因素在决策问题上的作用方式，用字母 U 表示。如果原因度大于 0，则称为原因因素，表示该因素主要影响其他因素；反之，则称为结果因素，表示该元素主要受到其他因素影响。

已知

$$\boldsymbol{T} = [t_{ij}]_{n\times n}; i,j = 1,2,\cdots,n$$

则

$$R = [r_i]_{n\times 1} = \left(\sum_{j=1}^{n} t_{ij}\right)_{n\times 1}, C = [c_j]_{n\times 1} = \left(\sum_{i=1}^{n} t_{ij}\right)_{11\times n}$$

其中，r_i 为因素综合影响矩阵 $\boldsymbol{T}$ 中第 i 行的总和；c_j 为因素综合影响矩阵 $\boldsymbol{T}$ 中第 j 列的总和。

当 $i = j$ 时，中心度 $M = [m_i]_{n\times 1} = (r_i + c_i)_{n\times 1}$，原因度 $U = [u_i]_{n\times 1} = (r_i - c_i)n\times 1$。

(5)绘制因素原因 - 结果图

根据计算得出的因素综合影响指标，利用 Matlab 矩阵绘制因素原因 - 结果图。

(6)分析得出各指标对于目标的影响程度

通过分析因素原因 - 结果图，确定原因因素、结果因素的分类，找到对决策问题影响程度较大的因素，并据此提出决策问题的解决方案。

第六章　我国海装制造企业项目决策系统运行绩效的实证分析

第一节　我国海装制造企业的选取与概况

一、企业的选取

在选取我国的海装制造企业进行研究时，必须满足以下几个条件。

(1)所选择的的海装制造企业在行业内必须具有代表性及普遍性。若选择的企业不具有代表性，如业务量较少或企业规模较小，则在进行决策系统分析时，其数据可能存在不准确性。

(2)所选择的海装制造企业其业务模式以项目化管理方式为主。若不是以项目化管理方式进行，则进行企业决策系统分析时，可能会有失偏颇，得出结果不够准确。

(3)所选企业数据必须可获取。

基于以上几点考虑，本书选择 YRO 公司作为实证检验案例。

二、YRO 公司介绍

YRO 公司成立于 1977 年，是以海洋工程装备平台的设计、研发、建造为一体的综合性海工企业，设计能力，覆盖结构、电气、轮机、舾装、空调通风等多专业的原理、详细、工艺，具备坚实的基础性理论分析能力，涵盖海工产品的稳性、结构设计、总体强度、总体疲劳、水动力、振动及噪音、高压管路、系泊分析计算的各个环节。实际自主完成了多个 DP2、DP3 的产品分析及设计工作，并且通过了船东、船级社的高度评价。

三、YRO 公司自升式钻井平台项目介绍

自升式钻井平台，又称桩腿式钻井平台，是目前国内外应用最为广泛的钻井平台。自升式平台在工作时能够用升降机将平台举升到海面以上，使之免受海浪冲

击，依靠桩腿的支撑站立在海底进行钻井作业工作，完成任务后，降下平台到海面，拔起桩腿并将其升至拖航位置，即可拖航到下一个井位进行作业工作。

自升式钻井平台在合适的水深环境中工作稳定性良好，在大多数海况下几乎都能维持工作，因此发展较为迅速。目前，自升式钻井平台的数量能占到移动式钻井装置总数的1/2。此外，自升式钻井平台还具备一个优点，就是所需钢材少且造价低。其目前正是YRO公司的重点制造项目之一。

第二节　运用AFD评价模型的决策系统运行绩效评价

海装制造企业项目决策系统评价涉及因素较多，结构复杂，而且相互影响，又由于评价模型的模糊性，以及影响因素的分类混淆性，我们需要建立一种将模糊信息转化为确定信息并能清晰区别分类的行之有效的方法。综合研究多种评价方法后，本书选取了一种综合了模糊综合评价法（Fuzzy Comprehensive Evaluation Method，FCE）、网络层次分析法（Analytic Network Process，ANP）以及决策试验与评价实验法（Decision Making Trial and Evaluation Laboratory，DEMATEL）三种方法的方法进行分析评价，我们将其称为“ANP－FCE－DEMATEL”（以下简称AFD）分析模型。AFD方法基于模糊决策理论，综合运用模糊Delphi法、模糊数排序理论以及模糊语言变量决策方法，并将其应用到网络层次分析方法以及DEMATEL方法中，充分综合了主观、客观赋值方法，同时具备解释性强以及精确度较高的特点，为海装制造企业项目决策系统分析提供了有效途径。

一、建立项目决策系统评价指标网络层次

根据20位海装制造企业资深项目专家以及企业高层管理者并相关研究机构的决策理论方向的专家学者，综合考虑项目决策系统各评价指标之间的相互作用关系，建立海装制造企业项目决策系统运行绩效评价网络层次关系如图6－1所示。

二、确定项目决策系统因素集和评语集

本书根据表5－1中构建的海装制造企业项目决策系统评价指标体系确定项目决策系统的因素集。因素集是由影响评价对象的各种指标组成的集合，可以表示为：$E=\{e_1,e_2,\cdots,e_n\}$。

其中元素$e_i(i=1,2,\cdots,n)$是评价对象的若干影响因素。在本书中，根据综合评价指标体系可以确定两层因素集。

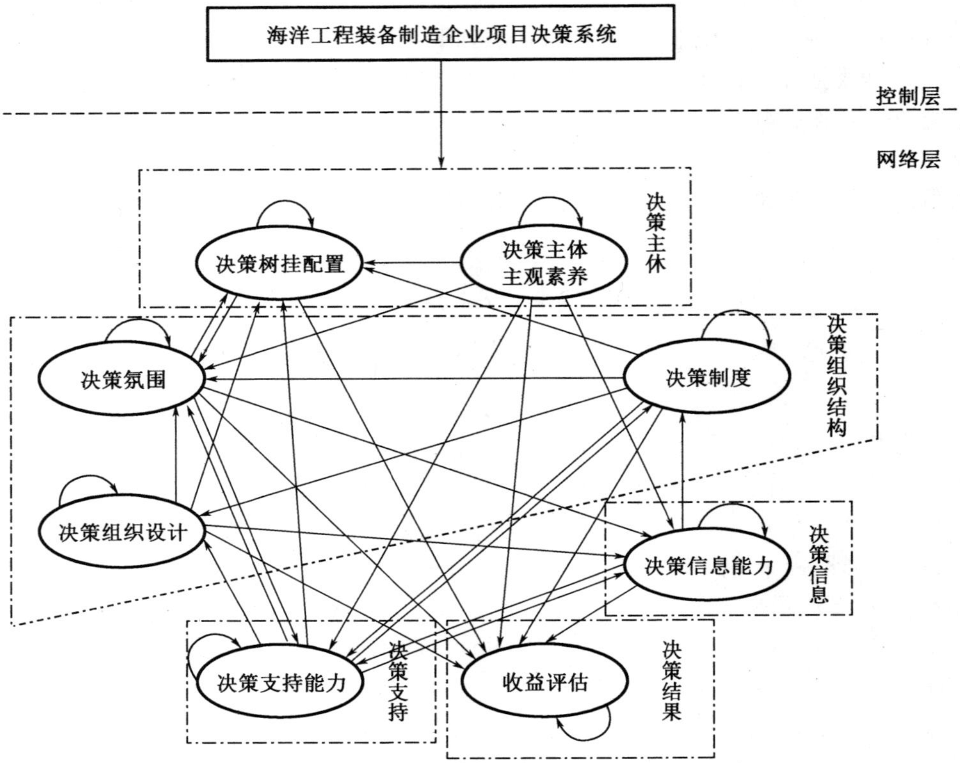

图 6－1　项目决策系统评价网络层次关系图

第一层因素集可以表示为

$U = \{U_1, U_2, U_3, U_4, U_5\}$

$=\{$决策主体,决策组织结构,决策信息,决策支持,决策结果$\}$

第二层因素集可以表示为

$U_1 = \{U_{11}, U_{12}, U_{13}, U_{14}, U_{15}\}$

$=\{$决策集权度,群众参与度,知识结构,能力结构,心理结构$\}$

$U_2 = \{U_{21}, U_{22}, U_{23}, U_{24}, U_{25}, U_{26}\}$

$=\{$决策主体间的配合,企业文化,制度健全度,决策程序化,组织设置,组织效率$\}$

$U_3 = \{U_{31}, U_{32}\}$

$=\{$决策主体信息能力,决策信息渠道$\}$

$U_4 = \{U_{41}, U_{42}, U_{43}\}$

$=\{$决策外脑支持,电子设备普及,决策信息技术$\}$

$U_5 = \{U_{51}, U_{52}, U_{53}, U_{54}\}$

$= \{$决策满意度,决策失误率,决策时间,决策收益$\}$

评语集是将指标体系中各指标进行量化描述的一种方法。本书将海装制造企业项目决策系统运行好坏等级分为五个级别,每一个级别分别对应五种分值的描述,具体如下:

$V = \{V_1, V_2, V_3, V_4, V_5\} = \{$差,较差,一般,较好,好$\}$

三、确定项目决策系统评价指标权重

(一)计算二级指标超矩阵

1. 计算权重矩阵 $\boldsymbol{W}_{11}$

以元素集 U_1 中的元素 U_{11} 的影响程度为次准则,元素集 U_1 中的其他因素按照其对元素 U_{11} 的影响大小做间接度优势比较,可以构建模糊互补判断矩阵,结构如表6－1所示。

表6－1　U_{11}三角模糊互补判断矩阵

	U_{11}	U_{12}	U_{13}	U_{14}	U_{15}
U_{11}					
U_{12}					
U_{13}					
U_{14}					
U_{15}					

根据表中的模糊数数值 $p_{1j} = (a_{1j}, b_{1j}, c_{1j})$,计算 U_{11} 的综合重要程度 V_{1i},具体计算过程如下。

分别计算得到:$\sum_{j=1}^{5} p_{1j}$, $\sum_{j=1}^{5} p_{2j}$, $\sum_{j=1}^{5} p_{3j}$, $\sum_{j=1}^{5} p_{4j}$, $\sum_{j=1}^{5} p_{5j}$,求和计算得到 $\sum_{i=1}^{5}\sum_{j=1}^{5} p_{5j}$,进而计算得到$[\sum_{i=1}^{5}\sum_{j=1}^{5} p_{5j}]-1$。

$V_{1i}(i=1,2,3,4,5)$可以利用以下公式计算,即

$$V_{1i} = \sum_{j=1}^{5} p_{ij} \otimes [\sum_{i=1}^{5}\sum_{j=1}^{5} p_{ij}]-1 \quad (i = 1,2,\cdots,5; j = 1,2,\cdots,5)$$

分别计算得到:$V_{11}, V_{12}, V_{13}, V_{14}, V_{15}$。根据计算结果,进一步计算求得 $V_{1i} \geq V_{1f}$ 的可能性程度 $R(V_{1i} \geq V_{1f})$,计算公式为

$$R(V_{1i}\geqslant V_{1f})=\begin{cases}1 & b_{ij}^{1i}\geqslant b_{ij}^{1f}\\ \dfrac{c_{ij}^{1i}-a_{ij}^{1f}}{c_{ij}^{1i}-a_{ij}^{1f}+b_{ij}^{1f}-b_{ij}^{1i}} & b_{ij}^{1f}\geqslant b_{ij}^{1i},a_{ij}^{1f}\leqslant c_{ij}^{1i}(i,j,f=1,2,\cdots 5\text{ 且 }i\neq f)\\ 0 & \text{其他}\end{cases}$$

由此,可以得到 $\boldsymbol{W}_{11}$ 中元素的重要性程度 R 值。

由此,确定 U_1 中的元素 $U_{1i}(i=1,2,\cdots,5)$ 重要于其他元素的可能性程度 $d(U_{1i})$,则

$$d(U_{11})=\min(R(V_{11}\geqslant V_{12}),R(V_{11}\geqslant V_{13}),R(V_{11}\geqslant V_{14}),R(V_{11}\geqslant V_{15}))$$

$$d(U_{12})=\min(R(V_{12}\geqslant V_{11}),R(V_{12}\geqslant V_{13}),R(V_{12}\geqslant V_{14}),R(V_{12}\geqslant V_{15}))$$

$$d(U_{13})=\min(R(V_{13}\geqslant V_{11}),R(V_{13}\geqslant V_{12}),R(V_{13}\geqslant V_{14}),R(V_{13}\geqslant V_{15}))$$

$$d(U_{14})=\min(R(V_{14}\geqslant V_{11}),R(V_{14}\geqslant V_{12}),R(V_{14}\geqslant V_{13}),R(V_{14}\geqslant V_{15}))$$

$$d(U_{15})=\min(R(V_{15}\geqslant V_{11}),R(V_{15}\geqslant V_{12}),R(V_{15}\geqslant V_{13}),R(V_{15}\geqslant V_{14}))$$

求得权重向量 $\overline{\boldsymbol{W}}_{11}^{11}$。

$$[\overline{\boldsymbol{W}}_{11}^{11}]^{\mathrm{T}}=[d(U_{11}),d(U_{12}),d(U_{13}),d(U_{14}),d(U_{15})]^{\mathrm{T}}$$

对其进行归一化处理得到标准权重向量 $\boldsymbol{W}_{11}^{11}$,依照此步骤分别计算得到 $\boldsymbol{W}_{11}^{12}$,$\boldsymbol{W}_{11}^{13}$,$\boldsymbol{W}_{11}^{14}$,$\boldsymbol{W}_{11}^{15}$

综合以上结果,即可以求得权重矩阵 $\boldsymbol{W}_{11}$。

2. 计算权重 $\boldsymbol{W}_{22}$,$\boldsymbol{W}_{33}$,$\boldsymbol{W}_{44}$,$\boldsymbol{W}_{55}$

重复以上计算 $\boldsymbol{W}_{11}$ 的步骤,可以计算得到 $\boldsymbol{W}_{22}$,$\boldsymbol{W}_{33}$,$\boldsymbol{W}_{44}$,$\boldsymbol{W}_{55}$ 矩阵结果。

3. 计算权重矩阵 $\boldsymbol{W}_{12}$

以上计算得到的矩阵可以认为是指标体系中每个准则中各子指标的指标权重,表征了以不同指标为子准则的情况下,同一子准则下,不同指标对于目标的影响程度。反映在权重矩阵中即为对角线上的权重矩阵,本部分中主要计算矩阵中除对角线对应权重外的其他权重矩阵。

以指标集 U_2 中的指标 U_{21} 的影响程度为次准则,与指标集 U_1 中的元素进行两两间接度优势比较,可以构建三角模糊互补判断矩阵,格式如表 6-2 所示。

表 6-2 U_{21} 三角模糊互补判断矩阵

	U_{11}	U_{12}	U_{13}	U_{14}	U_{15}
U_{11}					
U_{12}					
U_{13}					
U_{14}					
U_{15}					

根据上表中的模糊数数值$p_{1j}=(a_{1j},b_{1j},c_{1j})$，计算$U_{21}$的综合重要程度$V_{2i}$，具体过程与$V_{1i}$的计算过程类似，可以分别计算得到：$V_{21},V_{22},V_{23},V_{24},V_{25}$。

根据以上结果，可以计算求得$V_{2i}\geqslant V_{2f}$的可能性程度$R(V_{2i}\geqslant V_{2f})$，计算公式为

$$R(V_{2i}\geqslant V_{2f})=\begin{cases}1 & b_{ij}^{2i}\geqslant b_{ij}^{2f}\\ \dfrac{c_{ij}^{2i}-a_{ij}^{2f}}{c_{ij}^{2i}-a_{ij}^{2f}+b_{ij}^{2f}-b_{ij}^{2i}} & b_{ij}^{2f}\geqslant b_{ij}^{2i},a_{ij}^{2f}\leqslant c_{ij}^{2i}(i,j,f=1,2,\cdots5\text{ 且 }i\neq f)\\ 0 & \text{其他}\end{cases}$$

由此，可以得到$\boldsymbol{W}_{12}$中元素的重要性程度R值。

确定U_1中的元素$U_{1i}(i=1,2,\cdots,5)$重要于其他元素的可能性程度$d(U_{1i})$，则

$$d(U_{21})=\min(R(V_{21}\geqslant V_{22}),R(V_{21}\geqslant V_{23}),R(V_{21}\geqslant V_{24}),R(V_{21}\geqslant V_{25}))$$
$$d(U_{22})=\min(R(V_{22}\geqslant V_{21}),R(V_{22}\geqslant V_{23}),R(V_{22}\geqslant V_{24}),R(V_{22}\geqslant V_{25}))$$
$$d(U_{23})=\min(R(V_{23}\geqslant V_{21}),R(V_{23}\geqslant V_{22}),R(V_{23}\geqslant V_{24}),R(V_{23}\geqslant V_{25}))$$
$$d(U_{24})=\min(R(V_{24}\geqslant V_{21}),R(V_{24}\geqslant V_{22}),R(V_{24}\geqslant V_{23}),R(V_{24}\geqslant V_{25}))$$
$$d(U_{25})=\min(R(V_{25}\geqslant V_{21}),R(V_{25}\geqslant V_{22}),R(V_{25}\geqslant V_{23}),R(V_{25}\geqslant V_{24}))$$

求得权重向量$\overline{\boldsymbol{W}}_{12}^{11}$

$$[\overline{\boldsymbol{W}}_{12}^{11}]^{\mathrm{T}}=[d(U_{21}),d(U_{22}),d(U_{23}),d(U_{24}),d(U_{25})]^{\mathrm{T}}$$

对其进行归一化处理得到标准权重向量$\boldsymbol{W}_{12}^{11},\boldsymbol{W}_{21}^{12},\boldsymbol{W}_{21}^{13},\boldsymbol{W}_{21}^{14},\boldsymbol{W}_{21}^{15}$。

综合以上结果，即可以求得权重矩阵$\boldsymbol{W}_{12}$。

4. 计算权重矩阵$W_{ij}(i\neq j,i,j=1,2,\cdots,5)$

根据以上计算方法，反复计算得出各个权重矩阵$W_{ij}(i\neq j;i,j=1,2,\cdots,5)$。

5. 得出超矩阵$\overline{\boldsymbol{W}}$

综合以上结果，可以得出二级指标超矩阵$\overline{\boldsymbol{W}}$。$\overline{\boldsymbol{W}}$为$20\times20$的矩阵，形式如下：

$$\overline{\boldsymbol{W}}=[W_{ij}]_{5\times5}=\begin{bmatrix}W_{11} & W_{12} & W_{13} & W_{14} & W_{15}\\ W_{21} & W_{22} & W_{23} & W_{24} & W_{25}\\ W_{31} & W_{32} & W_{33} & W_{34} & W_{35}\\ W_{41} & W_{42} & W_{43} & W_{44} & W_{45}\\ W_{51} & W_{52} & W_{53} & W_{54} & W_{55}\end{bmatrix}$$

(二)计算一级指标超矩阵

将一级指标看作元素,以目标层作为高层元素,计算一级指标超矩阵。一级指标的权重计算步骤与二级指标的权重计算步骤相同,通过计算可以得到一级指标的权重为

$$\boldsymbol{Q}=[q_{ij}]_{5\times5}=\begin{bmatrix} q_{11} & q_{12} & q_{13} & q_{14} & q_{15} \\ q_{21} & q_{22} & q_{23} & q_{24} & q_{25} \\ q_{31} & q_{32} & q_{33} & q_{34} & q_{35} \\ q_{41} & q_{42} & q_{43} & q_{44} & q_{45} \\ q_{51} & q_{52} & q_{53} & q_{54} & q_{55} \end{bmatrix}$$

以上矩阵 $\boldsymbol{Q}$ 可以作为计算加权超矩阵的相对权重矩阵。

(三)计算加权超矩阵

将相对权重矩阵 $\boldsymbol{Q}$ 与超矩阵 $\overline{\boldsymbol{W}}$ 对应相乘得到加权超矩阵 $\boldsymbol{W}$,以下仅列出公式。

$$\boldsymbol{W}=\begin{bmatrix} q_{11}W_{11} & q_{12}W_{12} & q_{13}W_{13} & q_{14}W_{14} & q_{15}W_{15} \\ q_{21}W_{21} & q_{22}W_{22} & q_{23}W_{23} & q_{24}W_{24} & q_{25}W_{25} \\ q_{31}W_{31} & q_{32}W_{32} & q_{33}W_{33} & q_{34}W_{34} & q_{35}W_{35} \\ q_{41}W_{41} & q_{42}W_{42} & q_{43}W_{43} & q_{44}W_{44} & q_{45}W_{45} \\ q_{51}W_{51} & q_{52}W_{52} & q_{53}W_{53} & q_{54}W_{54} & q_{55}W_{55} \end{bmatrix}$$

(四)计算二级指标的加权权重向量

加权超矩阵中的元素 ω_{ij},大小表示为元素 i 对元素 j 的影响程度。元素 i 对元素 j 的优势度可以通过 $\sum_{k=1}^{N}\omega_{ik}\omega_{kj}$ 得到,即为二步优势度 $\boldsymbol{W}^2$。以此类推,可以计算极限权重矩阵 $\boldsymbol{W}^{\infty}=\lim_{t\to\infty}\boldsymbol{W}^t$,当其存在时,$\boldsymbol{W}^{\infty}$ 的列向量即为网络层中各元素相对于目标层的权重向量 ω。

我们利用 Matlab 软件,计算加权超矩阵的 100 次幂,可以得到 $\boldsymbol{W}^{100}$ 中各行已趋于稳定,则判定 $\boldsymbol{W}^{\infty}=\boldsymbol{W}^{100}$,计算得到极限权重矩阵 $\boldsymbol{W}^{\infty}$ 如表 6-5 所示,由此计算得到各二级指标相对于目标层的加权权重向量 $\boldsymbol{\omega}$。

由此,可以根据以上权重向量,得到海装制造企业项目决策系统评价指标权重表,将数值列入表 6-3 中。

表 6-3 海装制造企业项目决策系统评价指标权重

目标层	准则层	权重	一级指标	权重	二级指标	权重
海洋工程装备制造企业项目决策系统影响因素 S	决策主体 U_1		决策权的配置		决策集权度 U_{11}	
					群众参与度 U_{12}	
			决策主体主观素养		知识结构 U_{13}	
					能力结构 U_{14}	
					心理结构 U_{15}	
	决策组织 U_2		决策内部氛围		决策主体间的配合 U_{21}	
					企业文化 U_{22}	
			决策制度		制度健全度 U_{23}	
					决箦程序化 U_{24}	
			决策组织设计		组织设置 U_{25}	
					组织效率 U_{26}	
	决策信息 U_3		决策信息能力		决策主体信息能力 U_{31}	
					决策信息渠道 U_{32}	
	决策支持 U_4		决策支持能力		决策外脑支持 U_{41}	
					电子设备普及 U_{42}	
					决策信息技术 U_{43}	
	决策结果 U_5		决策效益		决策满意度 U_{51}	
					决策失误率 U_{52}	
					决策时间 U_{53}	
					决策收益 U_{54}	

四、确定项目决策系统模糊判断矩阵

在本节中选择由海装制造企业项目一线人员、专家学者及相关企业专家组成专家小组，此专家小组的选择与前文中的扎根理论小组相区别，避免了重复调查引起的思维定式误区。本次专家调查采用访谈结合问卷调查的形式，对二级指标进行单因素评价，给出海装制造企业项目决策系统中各个指标对于决策系统的影响程度大小。

为了体现出企业高管、专家打分的权威性，我们在选取调研对象的时候具有一定的代表性，包括项目“自升式钻井平台项目”的项目负责人，同时也包含高等院校决策理论方向的专家。在选取企业项目成员时，选择的对象具有一定的特征，应具备以下几点:①全面了解项目流程和项目各个阶段;②具备丰富的从业经验,具备一定年限的工龄,接触过多个类似的项目;③已经充分了解该企业项目相关数据情况。

(一)评价指标数据采集

在确定模糊判断矩阵之前,需向各位专家提供准确、有效、可以反映该企业项目决策系统相关能力的数据,本书中即是以前文所述指标体系中的各种指标作为数据提纲进行数据搜集。

在分析 YRO 公司项目决策系统运行时,我们设计的指标体系中包括 8 个一级指标,20 个二级指标。每个二级指标中都有其相应的指标计算方法以及数据收集方法。二级指标中既包含了只能由主观评价方法获得的定性指标,又包含了通过数据收集,根据科学的数学方法计算得到的定量指标。其中,定性指标可以通过设计对应调查问卷以及相应人员的访谈、建造基地走访等形式获取(调查问卷详见附录)。定量指标可以通过调阅企业内部数据、搜集网络数据以及查阅相关统计文献得到。出于对企业相关信息保密的考虑,原始数据值暂不列出。

(二)构建模糊判断矩阵

利用打分问卷,邀请专家对该企业项目决策系统进行单因素评价,通过对访谈和调查问卷结果回收、整理、统计,将得到的评价结果填写至表 6-4 中。

表 6-4 海装制造企业项目决策系统影响因素评价统计调查表

因素集/评语集		差	较差	一般	较好	好
决策主体	决策集权度					
	群众参与度					
	知识结构					
	能力结构					
	心理结构					
决策组织	决策主体间的配合					
	企业文化					
	制度健全度					
	决策程序化					
	组织设置					
	组织效率					

表 6-4(续)

因素集/评语集		差	较差	一般	较好	好
决策信息	决策主体信息能力					
	决策信息渠道					
决策支持	决策外脑支持					
	电子设备普及					
	决策信息技术					
决策结果	决策满意度					
	决策失误率					
	决策时间					
	决策收益					

对单因素进行评价,建立从因素集 U 到评语集 V 的模糊关系 R,得到模糊评判矩阵为 $\boldsymbol{R}_i(i=1,2,\cdots,20)$。

将以上矩阵整合,可以构建得到整体模糊关系 F. R(Fuzzy Relationship),该模糊关系可用矩阵形式表示。

五、项目决策系统模糊综合评价关系计算

本书中选用综合评价合成算子 $M(\cdot,+)$,即加权平均型算子,此算子更适用于兼顾考虑整体因素的综合评价。

根据公式 $B=\boldsymbol{\omega}\cdot\boldsymbol{F.R}$,将已经求得的二级指标权重向量 $\boldsymbol{\omega}$ 与模糊关系矩阵 $\boldsymbol{F.R}$ 相乘。利用 Matlab 软件进行线性计算,可以得到模糊评价结果 B。

根据最大隶属度原则,选择 B 中最大元素的值,由此判定项目决策系统运行处于哪种状态,是否存在一定的提升空间。

六、项目决策系统因素关系程度分析

根据项目决策系统评价指标网络层次中各指标的相互关系,我们可以进一步分析海装制造企业项目决策系统运行绩效各指标的综合影响关系。综合影响指标主要包括影响度、被影响度、中心度、原因度四项,可参照 DEMATEL 方法进行运算。通过四种指标的分析,我们可以根据影响因素的相互关联,对指标体系进行合理的划分,更加科学有效地评判决策系统运行,并可以根据结果分析得出进一步的决策方案、对策方法。

(一)构建直接影响矩阵

本书中的综合影响关系计算的主要依据是海装制造企业项目决策系统运行绩

效指标体系的相互关联性。根据前述评价集中的分级标准，我们采用5级量表{0，1，2，3，4}来反映各指标之间的关联程度，构建各因素间的直接影响矩阵。

$$\boldsymbol{D}=[d_{ij}]_{n\times n}$$

如表6－11所示，其中指标个数用 n 代表，指标 i 对指标 j 的影响程度用 d_{ij} 表示。标度{0，1，2，3，4}表示从小至大关联程度逐步加深，程度分别为：0（极小影响），1（较小影响），2（一般影响），3（较大影响），4（极大影响）。因素对自身的影响即对角线元素设置为0，直接影响矩阵 $\boldsymbol{D}$ 形式如表6－5所示。

表6－5　项目决策系统指标直接影响矩阵

	U_{11}	U_{12}	U_{13}	U_{14}	U_{15}	U_{21}	U_{22}	U_{23}	U_{24}	U_{25}	U_{26}	U_{31}	U_{32}	U_{41}	U_{42}	U_{43}	U_{51}	U_{52}	U_{53}	U_{54}
U_{11}																				
U_{12}																				
U_{13}																				
U_{14}																				
U_{15}																				
U_{21}																				
U_{22}																				
U_{23}																				
U_{24}																				
U_{25}																				
U_{26}																				
U_{31}																				
U_{32}																				
U_{41}																				
U_{42}																				
U_{43}																				
U_{51}																				
U_{52}																				
U_{53}																				
U_{54}																				

（二）计算标准化直接影响矩阵

由上述直接影响矩阵 $\boldsymbol{D}$，计算出矩阵的行和集合为 a，矩阵的列和集合为 b。从中取出 $\max\{a,b\}$，根据以下公式可以计算出系数 λ 的数值。

$$\lambda = \min\left(\frac{1}{\max\limits_{1\leq i\leq n}\left(\sum_{j=1}^{n} v_{ij}\right),\max\limits_{1\leq j\leq n}\left(\sum_{i=1}^{n} v_{ij}\right)}\right)$$

由此计算得到 $\lambda = 0.027$，将直接关系矩阵的元素乘以 λ，即可得到标准化直接影响矩阵 $\boldsymbol{X}$，$\boldsymbol{X}$ 的具体形式如表 6－6 所示。

（三）计算因素综合影响矩阵

根据以上求得的标准化直接影响矩阵 $\boldsymbol{X}$，计算因素综合影响矩阵 $\boldsymbol{T}$。$\boldsymbol{T}$ 的计算公式为

$$\boldsymbol{T} = [t_{ij}]n\boldsymbol{X}_n$$

以上公式也可以表示为

$$\boldsymbol{T} = \boldsymbol{X} + \boldsymbol{X}^2 + \cdots + \boldsymbol{X}^n, n = 20$$

本书中利用第二个公式，将 $\boldsymbol{T}$ 中数据导入 Matlab 软件进行计算，得到综合影响矩阵 $\boldsymbol{T}$。$\boldsymbol{T}$ 的格式与表 6－4 相同。

（四）计算指标综合影响关系

根据求得的综合影响矩阵 $\boldsymbol{T}$ 计算项目决策系统综合影响关系，$\boldsymbol{T}$ 中元素可以用 $t_{ij}, i,j = 1,2,\cdots,20$ 表示，$\boldsymbol{T}$ 这里的综合影响关系，包括影响度、被影响度、中心度和原因度四种指标。

其中，影响度 R 表征对应元素对其他元素的影响程度，通过计算综合影响矩阵 $\boldsymbol{T}$ 中的每一行行和求得；被影响度 C 表征了其他元素对对应元素的影响程度，通过计算综合影响矩阵 $\boldsymbol{T}$ 的每一列列和求得。具体的计算公式如下。

$$R = [r_i]_{n\times 1} = \left(\sum_{j=1}^{n} t_{ij}\right)$$

$$C = [c_i]_{1\times n} = \left(\sum_{i=1}^{n} t_{ij}\right)$$

各指标的中心度和原因度也可以根据综合关系矩阵 $\boldsymbol{T}$ 计算求得。其中，中心度表示第 i 个元素影响和被影响的总程度，利用以下公式计算。

$$M = R + C$$

原因度用来区分影响因素的不同类别，利用以下公式计算。

$$U = R - C$$

如果 $U > 0$，表示第 i 个元素影响其他元素，则将其归为影响类；反之，如果 $U < 0$，则表示第 i 个元素受到影响更大，将其判断为导致类。

表 6-6　标准化直接影响矩阵

	U_{11}	U_{12}	U_{13}	U_{14}	U_{15}	U_{21}	U_{22}	U_{23}	U_{24}	U_{25}	U_{26}	U_{31}	U_{32}	U_{41}	U_{42}	U_{43}	U_{51}	U_{52}	U_{53}	U_{54}
U_{11}																				
U_{12}																				
U_{13}																				
U_{14}																				
U_{15}																				
U_{21}																				
U_{22}																				
U_{23}																				
U_{24}																				
U_{25}																				
U_{26}																				
U_{31}																				
U_{32}																				
U_{41}																				
U_{42}																				
U_{43}																				
U_{51}																				
U_{52}																				
U_{53}																				
U_{54}																				

本书选取 YRO 公司项目决策系统运行绩效指标体系中，根据以上公式，各指标对综合影响关系，如表 6－7 所示。

表 6－7 海装制造企业项目决策系统运行绩效综合影响关系

	影响度 R	被影响度 C	中心度 M	原因度 U	综合中心度	综合原因度	综合影响度
U_{11}							
U_{12}							
U_{13}							
U_{14}							
U_{15}							
U_{21}							
U_{22}							
U_{23}							
U_{24}							
U_{25}							
U_{26}							
U_{31}							
U_{32}							
U_{41}							
U_{42}							
U_{43}							
U_{51}							
U_{52}							
U_{53}							
U_{54}							

依据上表中的运行绩效综合影响关系数据中的中心度 M 和原因度 U，以中心度 M_i 为横坐标，原因度 U_i 为纵坐标，绘制指标体系中的各指标的影响关系图，如图 6－2 所示。

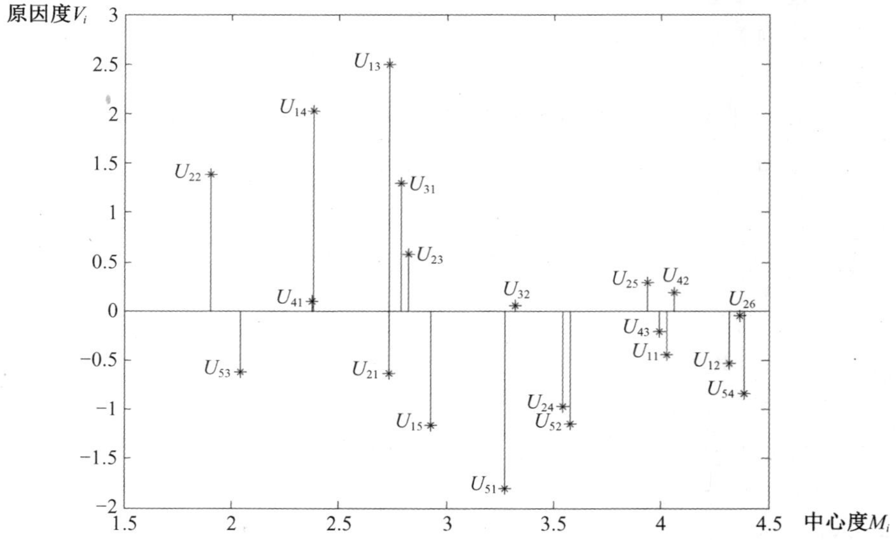

图 6－2　海装制造企业项目决策系统运行绩效影响关系图

第三节　评价结果分析

本节中，通过上一节中构建的 AFD 评价模型针对实证中选取的“自升式钻井平台”的项目决策系统运行绩效的相关计算结果加以分析。

一、指标影响程度分析

从海装制造企业项目决策系统运行绩效影响关系图中，我们可以清晰地分辨出各指标所属的类别。若指标的原因度大于零，属于导致类原因因素的范畴，主要影响着其他的因素，不易发生改变；若指标的原因度均小于 0，属于后果类结果元素的范畴，主要被其他因素改变，发生改变的可能性比较大。通常对决策系统运行绩效提出优化策略的时候，需要优先考虑导致类原因因素，这类因素往往关联到其他因素，该因素的优化可以促使部分结果类因素产生变动。

按照原因度的大小我们可以将海装制造企业项目决策系统运行绩效的指标进行排序，由原因度的概念可以得出提高海装制造企业项目决策系统运行绩效的主要作用因素，且原因度数值的大小反映了对于决策系统运行绩效影响程度的大小，通常我们可以按照原因度大小的顺序选择优化指标的优先顺序。同时，需要注意的是，结果要素虽然间接地影响海装制造企业决策能力，但其易受到其他因素的作用而改变，我们往往可以追根溯源地找到影响它们的原因类因素加以改善间接提高此类指标的水准,故而对于结果因素的分析研究可以相对滞后。

海装制造企业项目决策系统运行绩效影响关系图中,每一点对应的横坐标是指标体系中各要素的中心度,它是各因素的影响度和被影响度的加和,反映了在决策系统运行过程中,这一因素被关注的程度。关注较多的几种要素是决策系统运行的关键要素。

通过对于指标体系中准则层元素的分析,可以进一步对指标体系对项目决策系统绩效的影响程度进行分析,得到准则层对海装制造企业决策系统运行的综合影响关系,结果可以计入表6－8中。

表6－8　准则层对海装制造企业决策系统运行的影响程度

	决策主体	决策组织	决策信息	决策支持	决策效益
综合影响度					
综合中心度					
综合原因度					

从表中的数据可以分析得出哪种要素对海装制造企业项目决策系统的影响程度最大,这说明了影响海装制造企业项目决策系统运行的中心问题所在。同时,通过综合原因度数据,可以得出海装制造企业项目决策系统运行绩效受到哪种因素的影响最为明显。在海装制造企业项目决策系统中抓住主要因素的的作用,解决核心问题,应该是我们在研究中的重中之重。

二、项目决策系统运行绩效评价结果分析

从上节中的项目决策系统模糊综合评价结果中的最大隶属度准则可计算出该评价结果中的最大值,由此可判定该项目的决策系统运行绩效的评价结果处于何种状态,是否存在进一步提升的空间。

同时,项目决策系统作为企业现代管理的重要一环,在海装制造企业的管理过程中起到了重要的作用。对项目决策系统进行合理评价,可以清晰准确地认识到现有项目决策系统运行的优劣程度,为企业保障现有决策系统运行、提出决策系统优化策略具有极大的实际意义。通过对于实际的"自升式钻井平台"的项目决策系统绩效分析,我们可以看到本书中提出的AFD评价模型可以有效地对于决策系统进行评价的同时,亦可以找出影响决策系统运行绩效的关键要素,可以对症下药、有的放矢地提出决策系统运行的保障措施。

第七章　我国海装制造企业项目决策系统运行的保障措施

海装制造企业项目决策系统贯穿于海装项目的全过程。根据前文对海洋工程装备项目的分析,我们可以得到在海洋工程装备项目中对于决策绩效影响较大的几项决策问题,分别是项目进度、项目质量、项目风险以及外部环境 4 个方面,所以我们从这 4 个方面对企业进行保障措施,保证项目决策系统运行的效果。

第一节　加强我国海装制造企业项目进度控制保障措施

一、海装制造企业项目进度监控系统的总体结构设计

海洋工程装备项目进度监控,就是在项目建造过程中,对钢板切割、分段制作、铁舾装、分段合拢和密性试验等几个部分的生产制造过程进行监控管理,在局域网中使用 Web 技术对数据进行处理和管理。这也是建立海洋工程装备项目进度管理信息系统的的基本思想。此系统的技术路线可以简单地归纳为:基于 B/S(浏览器/服务器)体系结构和 J2EE 体系标准,采用面向对象分析(OOA)和面向对象设计(OOD)方法来规划整个系统的应用。

一方面,B/S 体系结构将软件重构成三层或更多层,在客户机上仅执行显示逻辑,而事务处理逻辑则转移到专门的 Web 服务器上,数据访问由一个或多个后台数据库服务器处理。与 C/S 体系结构相比,B/S 体系结构具有用户界面友好、易于维护、“瘦”客户端、支持分布计算环境等优势。因此,海洋工程装备项目进度监控系统采用 B/S(浏览器/服务器)多层体系结构。另一方面,J2EE 平台是一个比较成熟且应用广泛的应用模式。它包括 Java Servlet、JSP、EJB 等众多组件,具有良好的系统互联、可扩展的性能,以及高安全性和易于维护的特点。

本书借鉴 J2EE 的多层架构作为海装项目进度监控系统应用架构。通过经典的 J2EE 三层结构(包括表示层、业务层和数据层)将其与 B/C 体系相结合,并考虑

海装项目实际，将此系统的架构设定为客户端、Web应用层、数据层三层。其具体层次划分及功能分析如下：

（1）客户端负责与用户进行交互，主要提供友好的用户界面及Web浏览器服务。用户界面可以完成接收用户请求及显示服务器返回的操作数据的功能；对于B/S结构，系统功能实现的核心部分集中在服务器上，Web浏览器服务功能就是利用广域网（Internet）与服务器连接，实现用户需求数据包的上传与下载。客户端可以是桌面Java应用程序或者是无线移动设备，如PDA等。这里应用了MVC（Model View Controller）设计模式。

（2）Web应用层包括服务表示层和业务逻辑层两个层次。前者主要用于与客户端的交互，即从客户层接收消息和事件并将之送与业务逻辑层处理，以及从业务逻辑层获得处理结果并将之以响应的形式发送给客户端；后者主要用于将各个应用逻辑封装成中间组件，提供与服务表示层和数据层的交互，即从服务表示层获得请求并将之发送到数据层处理，以及从数据层获得处理结果返回给服务表示层。这里应用了DAO设计模式。

（3）数据层又称信息层或资源层，主要是对原始数据的操作层，具体为Web应用层和客户端提供数据服务。本书中的数据层主要包括数据库、文档集合及工作流消息库。

基于以上分析，可得到海装制造企业项目进展监控系统体系结构简图，如图7－1所示。

二、海装制造企业项目进度监控系统的方案设计

（一）海装制造企业项目进度监控系统的业务流程分析

基于面向管理职能的和面向管理报表的海洋工程装备项目进度管理的业务流程，主要分为两个层次：数据管理层和数据分析层。

1. 数据管理层

数据管理层主要完成对海洋工程装备项目进度监控数据的管理，其所涉及的数据主要有以下几种。

（1）基础数据

基础数据包括装备建造综合日程表、母型装备数据、合同、作业工种关系、作业单元关系、专业/作业/工序权重、作业标准KPI等。这些数据是海洋工程装备项目进度监控最基本的初始化信息，它定义了计划数据编制和实际进度数据上报的格式。

（2）计划数据

计划数据包括专业计划数据、作业计划数据、作业单元计划数据等。其中，专业计划和作业计划两者是对应项目主计划编制的二级计划，作业单元计划是对应

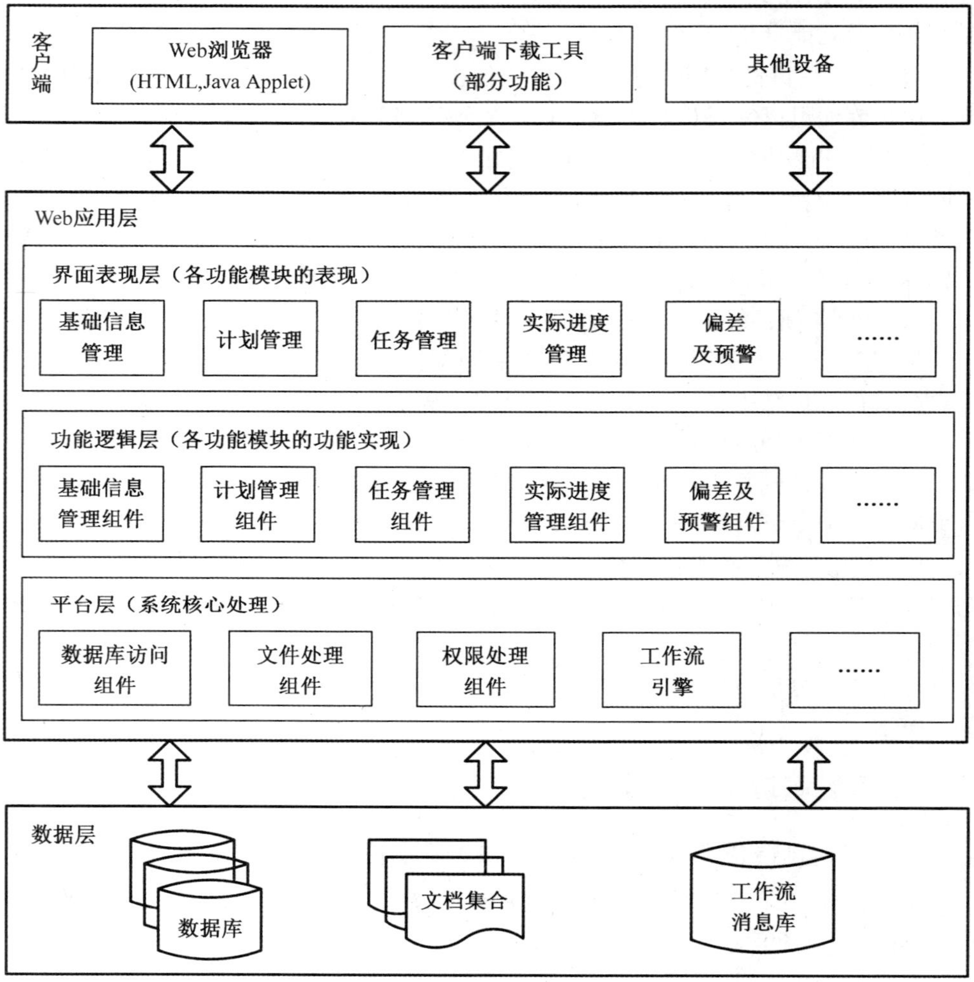

图 7－1　海装制造企业项目进度监控系统体系结构简图

二级计划编制的三级执行计划。三级执行计划属于工序级计划，明确了每道工序的开工和完工计划。这些数据是海洋工程装备项目进度监控最基本的数据之一，与实际进度数据相对应，它定义了进度监控的标准。

(3)任务数据

任务数据定义了进度监控的物量。当实际进度为100%时意味着全部任务的完成。

(4)实际进度数据

实际进度数据包括日或时段进度数据、日人力工时数据等。这些数据是与计划数据相对应的海洋工程装备项目进度监控又一最基本的数据。通过对实际进度数据与计划数据的运算，可以得到关键数据链的目标参数，即偏差。

2. 数据分析层

数据分析层主要任务为基于数据管理表单集合，采用各种统计方法对其进行加工处理，从而得到海洋工程装备项目进度监控的关键数据链的各个关键参数的统计报表。如进度对比报表、进度趋势报表、KPI（Key Performance Indicator，关键绩效指标）统计报表、进度偏差报表、KPI 偏差报表、单元交叉统计报表、KPI 预警报表、进度预警报表，等等。这些报表的集合对应图 7－2 中的统计分析表单集合。进一步地，统计分析表单集合可以为各级管理人员实时展现海洋工程装备项目的进度情况，并可以此为据对计划和生产设备及劳务资源进行调整，以保障海洋工程装备项目活动的正常进行。

本书构建的海装项目进度监控信息系统的业务流程图如图 7－2 所示。

（二）海装制造企业项目进度监控系统的功能结构设计

海装项目进度监控系统的功能结构如图 7－3 所示。

由图 7－3 可知，海装项目进度监控系统主要由基础信息管理、任务管理、计划管理、进度管理、人力工时管理、统计查询、预警管理和系统管理 8 个模块构成。

1. 基础信息管理模块及其主要功能

基础信息管理模块主要实现建立完整的海洋工程装备项目建造过程模型。其主要内容有：输入海装项目信息全存储为模型以建立标准海装项目模型；输入生产阶段信息存储模型以建立标准生产阶段模型；设置生产阶段资源存储模型以建立生产阶段资源模型等。管理的数据主要有项目信息、分段信息、权重及 KPI 信息、工种基本信息等。其中，项目的权重、KPI、工种、单元维护中包括对钢板切割、分段单元制作、分段合拢、分段舾装、分段涂装等作业的相关信息维护。其主要功能描述如下。

（1）输入海装项目信息

系统具备创建海装基本信息、分段单元基本信息的功能，也提供了直接引用已存在生产对象（如分段单元）的方法。

（2）输入项目单元生产阶段信息

针对某一个分段单元，可以创建一系列生产阶段，比如“加工”“拼板”“部装”等，同时可以定义这些生产阶段之间的时序关系。

（3）设置生产阶段资源

对项目建造的每一个生产阶段都可以设定其相应的生产地、加工单位、涉及工种以及每个工种所使用的物量等信息。

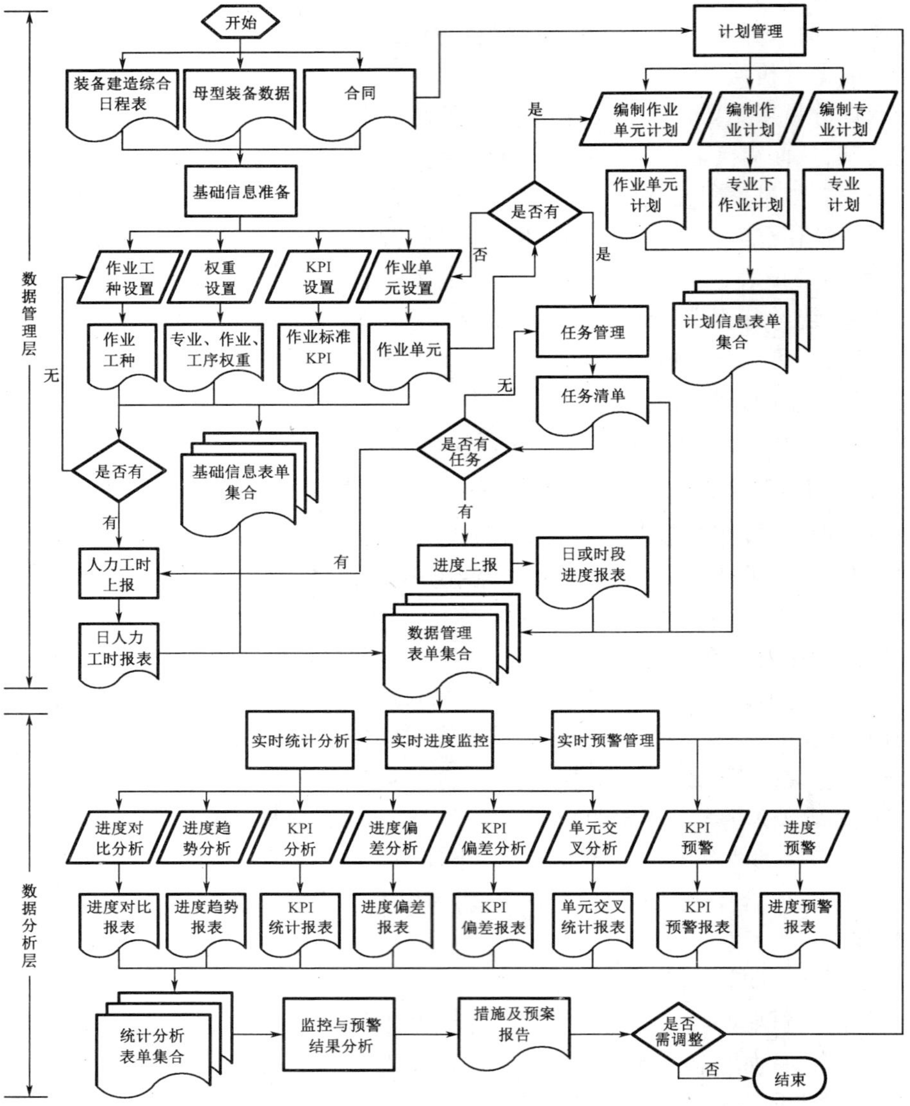

图7-2　海装项目进度监控信息系统的业务流程

(4)建立标准海装项目模型

利用系统建模工具,建立标准海装的模型,系统以树状结构显示生产对象构成关系模型。

(5)建立标准生产阶段模型

利用标准系统建模工具建立标准生产对象(如分段单元)的生产阶段模型,以

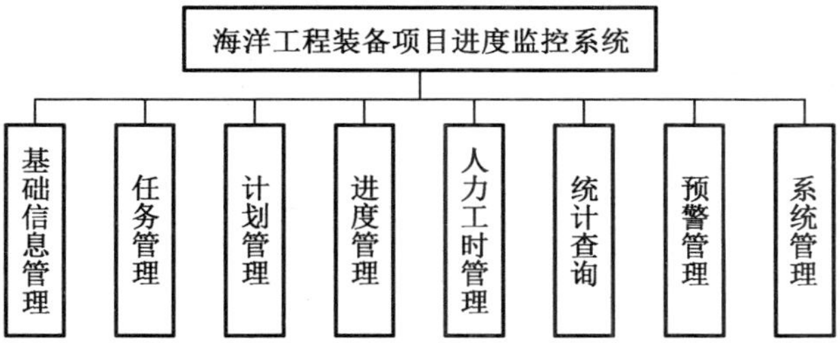

图7－3　海洋工程装备项目进度监控系统的功能结构

及各个生产阶段之间的时序关系；在实际生产对象（如分段单元）引用该标准生产阶段模型时，将自动完成其所有生产阶段和时序关系的设定。系统提供了各生产阶段之间时序关系的定义，使得各生产阶段之间存在一种约束关系，在计划编制的过程中有助于系统进行计划和理性的检查。

（6）建立生产阶段资源模型

设定各标准生产阶段过程所需要使用的资源信息。

（7）引用标准模型创建分段信息

如果海装项目符合已建立的标准模型，只需引用创建好的标准模型，即可自动生产该海装项目所有信息及其生产阶段信息。此时可以通过增、删、改操作对分段单元及其生产阶段的信息进行调整。

2. 任务管理模块及其主要功能

任务管理模块主要实现依据技术部门下达的生产任务对各个专业生产任务进行动态管理，可以细化到零件级别，同时提供丰富的查询分析功能。零件级别的任务维护，任务自动统计到单元级，并且不需要相应单元级任务维护，就可以查询到。其主要功能描述如下。

（1）与技术部门的接口

生产任务源自技术部门，技术部门对海装的详细设计参数通过接口技术实现转化为本系统的任务信息。

（2）导入功能

由于海装是一个巨大的复杂系统，由数以万计的零部件和配套设备组成，因此，提供大量数据的导入功能有利于用户的便捷操作。

（3）查询分析功能

系统提供对任务信息按各种类型查询分析的功能。其结果可以用来指导计划的编制。

3. 计划管理模块及其主要功能

计划管理模块实现各级的生产计划管理，依据基础信息管理中的项目主计划，编制专业、作业和作业单元三级计划，并可不断调整各级计划，以及对计划进行分级分权管理。其主要功能描述如下。

(1)计划版本升级

在原版本基础上，形成各级不同的计划版本。计划版本分为大版本和小版本。大小版本是一个相对的概念，即对计划的修改量较大时可以选择版本升级为大版本，否则小版本调整。在进度监控时使用最新的版本计划。

(2)分级分权管理

结合系统权限管理模块的功能实现计划的分级分权管理，即计划由上而下逐步细化，每个层次上都有制定相应计划的权力，在自己相应层次内，有调整自身计划的权力，但不能影响上个层次的计划。

(3)自动编制建造日程计划

系统根据定义的分段信息、生产阶段信息、生产阶段的时序关系，自动进行建造日程计划的安排，并通过增、删、改等操作对建造日程计划进行调整。

(4)人工调整建造日程计划

人工调整生产计划的工作，可以在交互式的屏幕上轻松完成，计划线表的拖动将直接反映生产阶段生产周期的变化。同时，系统自动进行合法性校验，一旦发现与已定义的阶段时序关系相违背时，自动调整相关生产阶段的计划或进行合法性校验错误提示。

4. 进度管理模块及其主要功能

进度管理模块主要实现进度数据的输入和统计分析，能够依据海洋工程装备项目生产作业计划以图形实时显示分析结果。大部分以单元和工序交叉的完成量上报，也有部分以零件级任务上报，这时需要统计到单元级任务完成量，并不再用单元级进度上报。零件的工序与单元的工序应该一致，才能由零件的工序完成时间统计到单元的各工序完成量，有零件级进度的单元之进度表示量都是零件个数或吨数。专业作业进度由单元进度自动统计出来，用作业的权重和单元总任务量作为统计权重。其主要功能描述如下。

(1)确定上报级别

上报级别分为单元级和零件级两种。若为单元级别上报则又分为增量上报和累积量上报两种，并且上报的数据类型分为百分比、零件个数等。如：分段单元制作的上报数据类型为百分比且为累计量，分段铁舾装的上报数据类型为完成件数且为增量。若为零件级上报，则只需要输入该零件的完成日期，其进度统计物量由系统自动根据相应的任务信息运算得到。

(2)计算单元进度

其需要结合工序的权重来计算。

(3)计算作业进度

其需要结合单元的重量、总零件数等物量信息进行。由于各个工序单元方向汇总权重不一致,所以不能用单元进度计算作业进度,只能利用单元工序进度来计算作业进度。

(4)计算专业进度

其由作业进度和作业权重进行加权运算获得。

(5)导入功能

一般实际进度数据的量很大,故系统提供大量数据导入的功能,便于用户操作。

5. 人力工时管理模块及其主要功能

人力工时管理模块主要实现每日派工人数和工时数据的输入和统计分析,能够依据海装项目生产计划以图形实时显示分析结果。通过建立各类中间产品的工时/物量关系式,可以逐步形成海装项目建造的工时/物量知识库。如此在以后的海装项目建造中,一旦知道中间产品物量,便可借助工时/物量知识库,确立各个中间产品的生产周期,并以此为据制订各中间产品的生产日程计划,以指导现场生产。其主要功能描述如下。

(1)人力工时上报

按分段单元和作业位置进行人力工时数据上报。上报是基于上报事件的。上报事件解决了所上报人力工时数据的权责问题。

(2)人力工时统计

按分段单元、作业位置以及时间对各阶段所发生的人力工时数据进行实时跟踪统计。这种人力工时统计按各阶段进行细分,可以得到多个维度的人力工时情况,如按分段单元、按分段单元和作业位置、按分段单元和时间段、按工种等维度的人力工时发生情况,便于各级管理人员实时全面了解工时发生的动向,有利于进度的监控。

(3)导入功能

由于海洋工程装备项目分段建造周期长,工时多,故为了便于用户操作,系统提供了对人力工时详细上报的导入方式。

6. 统计查询模块及其主要功能

统计查询模块主要实现对实际进度和 KPI 数据的统计分析,并以形象化的图表形式展现分析结果。其主要功能描述如下。

(1)进度对比统计

提供对统一层次的不同作业相对于上级专业的进度对比情况,属于横向统计。统计的结果分为数据列表和柱状图等形式。

(2)进度趋势统计

提供对某一中间产品、专业、作业、项目等从开工后所完成的进度随着时间的变化趋势情况,属于纵向统计。统计的结果分为数据列表和折线图等形式。

(3)KPI 统计分析

提供对开工以来的人力工时数据的工时/物量关系的统计。统计的结果分为数据列表和柱状图等形式。

基于以上三种基本操作,结合分段单元、作业位置、时间参数还可以演化出很多其他类型的统计分析功能。

7. 预警管理模块及其主要功能

预警管理模块主要采用与实时计划和标准 KPI 对比方法,实现对进度和 KPI 数据的统计分析,并能够依据阈值以自定义颜色形式实时显示和发出警报。其主要功能描述如下。

(1)进度预警阈值维护

对进度统计预警的显示颜色等信息进行设置。

(2)KPI 预警阈值维护

对 KPI 统计预警的显示颜色等信息进行设置。

(3)统计预警

分为进度统计预警和 KPI 统计预警两类。基于统计查询功能,将存在进度偏差需要预警的进度和 KPI 数据统计分析后显示出来。结合分段单元、作业位置、时间参数还可以演化出很多其他类型统计分析功能。

8. 系统管理模块及其主要功能

系统管理模块主要实现对系统用户的操作权限进行设置的功能,以保证系统的安全运行,同时对保障系统正常运行的一些设置参数进行维护。并针对各种生产对象类型和生产过程类型,为每个用户赋予不同的操作权限,将有助于满足不同层次的用户对系统数据的不同需求。其主要功能描述如下。

(1)角色及角色权限维护

主要对角色的增、删、改等操作以及定义角色与功能的关系。每一个角色对应的功能树可以自定义,即不同角色的用户对应不同的功能导航菜单。

(2)用户及用户角色维护

用户基本信息的增删改操作,以及针对单一用户的密码重置功能。同时,提供对用户所属角色组信息的升级维护。

(3)参数管理

这里的参数是指系统正常运行所需要的一些初始化参数,如切割零件类型参数、进度上报方式(增量/累计量)参数、上报级别参数、系统功能表信息、导出配置参数，等等。

（三）海装制造企业项目进度监控系统的数据库设计

数据库设计是指通过构建最优的数据库模式，在一个给定的应用环境中，建立数据库及其应用系统，这样可以有效地对数据进行储存，并能够满足各种用户不同的应用要求。建立一个好的数据库能够充分反映信息流和事物流的发展变化状况，可以满足组织的各级管理需求。同时数据库的应用可以使后续海装项目进度监控系统的开发工作更加方便、快捷。

海装项目进度监控系统采用的是当前技术前沿的数据库设计，把数据组列成合成型的表是关键数据库设计的一个主要目的，这样的合成型表可以使数据的冗余最小化，并且减少现实基表所需的文字存储空间。

具有完整性约束的并且可以时刻更新的施工进度管理数据库系统，应该具有自动维护和识别各子系统的功能，并且可以保证相关表单、方法和措施的完整性。如果需要添加系统的完整性约束，且要减少系统维护的开销，在设计时必须给出当删除某些项目之后，数据库可以自动完成搜索所需要模块、通道的删除，等等。

1. 基本表结构分析

海装项目进度监控中涉及若干实体对象，如项目、分段单元等，每一实体构成了一个数据库表对象，实体的集合构成数据库表对象集合。每个实体由若干属性组成，如项目的属性有项目编码、项目名称、项目合同开始时间、项目合同结束时间、船级社、船东等，属性的集合构成了表对象的字段集合。实体之间的关联关系构成了表之间的参考关系。因此，海装进度监控系统的基本表结构需求分析包括确定需要哪些表、确定各表所需要的字段和确定表之间关系三方面内容。

由前文对系统的业务流程和数据流程分析已知，系统所涉及的实体包括两类：一是业务实体，主要有项目、分段、专业作业、工序、工种、作业工种、作业单元、切割零件、分段铁舾装件、分段涂装部位、专业作业计划、专业作业计划详细、作业单元计划、作业单元计划详细、人力工时事件、人力工时详细、进度事件、统计级进度详细、零件级进度详细、进度阈值、KPI 阈值；二是非业务实体，即系统管理实体，主要有部门、用户、角色、功能等。这些实体及其属性信息如表 7－1 和表 7－2 所示。

表 7－1　系统业务实体对象及其属性

实体名称	属性集合
项目	分段编码、分段名称、合同开始时间、合同结束时间、实际开始时间、实际结束时间、船级社、船东、项目模板等

表 7-1(续 1)

实体名称	属性集合
分段	分段编码、分段名称、所属项目、分段重量、切割总重量、切割总零件数、分段铁舾装总重量、分段铁舾装数量、分段涂装总面积、分段涂装难度面积、螺旋风管数、矩形风管数、风管附件数、防火风闸数、管支撑数、MCT、支腿数量、托架长度、扁铁条数、内场管件数等
专业作业	编码、名称、所属项目、权重、标准 KPI、数据上报类型、上报级别、上报增长类型、单元类型编码、单元权重总和、实际开始日期、实际结束日期等
工序	编码、名称、节点、层次级别、权重、排序值、所属作业、所属项目、上报级别等
工种	编码、名称、排序值等
作业工种	作业、工种等
作业单元	作业、单元、实际开始时间、实际结束时间等
切割零件	编码、名称、厚度、重量、面积、长度、数量、类型、所属项目、所属分段、发图日期、套料图号、分段套料图、版本号、规格等
分段铁舾装件	编码、名称、所属项目、所属分段、重量、是否购置、图纸(下发日期、接收日期、图纸号、图纸名称、版本)等
分段涂装部位	编码、名称、面积、难度系数、二次表面处理等级、涂层度数、产品描述、颜色、施工系数、油漆用量、DFT、稀释剂、所属项目、所属分段等
专业作业计划	编码、名称、所属项目、版本号等
专业作业计划详细	专业作业、专业作业计划、计划开始时间、计划结束时间等
作业单元计划	编码、名称、版本号、作业、所属作业计划等
作业单元计划详细	作业单元、作业单元计划、计划开始时间、计划结束时间等
人力工时事件	所属作业、上报人、上报方式、上报日期、录入时间、录入人等
人力工时详细	所属上报事件、单元、工种、人力、工时等
进度事件	所属作业、上报人、上报方式、上报开始日期、上报结束日期、录入时间、录入人等
统计级进度详细	所属上报事件、工序、单元、进度 1、进度 2、分摊系数等
零件级进度详细	所属上报事件、作业零件、工序、完工时间等

表 7－1（续 2）

实体名称	属性集合
进度阈值	名称、显示颜色、预警值、作业等
KPI 阈值	名称、显示颜色、预警值、作业等

表 7－2　系统管理实体对象及其属性

实体名称	属性集合
部门	部门编码、部门名称等
用户	登录账号、真实姓名、密码、所属部门等
角色	角色编码、角色名称、角色描述等
功能	功能编码、功能名称、功能 URL、父亲节点等

2. 视图设计

基于以上基本表结构的分析与设计，结合项目进度监控的业务逻辑和统计需求，本书对视图进行了设计。视图设计的目的主要是方便业务逻辑的实现以及缩短系统对用户操作响应时间。

本系统视图设计的任务主要有：将多个零件表对象建立视图；将所有单元（如分段单元）的任务建立视图。系统视图结构如表 7－3 所示。这样在逻辑实现时，只需要从视图中获取数据即可。

表 7－3　系统视图结构

视图名称	字段集合
零件表视图	零件 ID、零件编码、零件名称、零件类型、作业单元 ID、作业单元类型、任务量 1、任务量 2、所属项目 ID 等
单元任务视图	所属项目 ID、作业 ID、作业单元 ID、任务量 1、任务量 2 等

（四）海装制造企业项目进度监控系统的主界面实现设计

基于便于用户操作的原则，本系统的主界面采用树形菜单的形式作为功能导航。主界面中，树形菜单只是展开了系统的第一个功能模块，即基础信息管理的下级菜单，而对于其他功能模块，如任务管理、计划管理等的下级菜单没有展开。

本系统由基础信息管理、任务管理、计划管理、进度管理、人力工时管理、统计查询、预警管理和系统管理共 8 个模块构成。本系统可以实现生产数据导入导出，进度监控到零件级，各个级别的进度和 KPI 都可以被监控和预警，图表分析功能丰富,为进度决策提供了动态依据。海洋工程装备项目进度监控系统如图7-4所示。

图7-4　海洋工程装备项目进度监控系统

1. 基础信息管理

主要实现了与海装项目进度监控有关的各种基础数据的录入、修改、删除等功能,如项目基本信息、分段基本信息专业/作业工序信息以及作业单元映射信息等。该功能可扩展到海装项目其他专业作业。

2. 任务管理

依据技术部下达的生产任务实现各个专业生产任务动态管理,可细化到零件级,同时提供有丰富的查询分析功能。该功能可以扩展到海装项目其他专业作业。

3. 计划管理

实现了各级的生产计划管理,并可不断调整各级计划,形成各级不同的计划版本。该功能可以扩展到海装项目其他专业作业。

4. 进度管理

实现了分段单元制作、分段合拢、分段舾装、分段涂装等的进度数据的输入和统计分析,能够依据海洋工程装备项目生产作业计划以图形实时显示分析结果。该功能可以扩展到海装项目的其他专业作业。

5. 人力工时管理

实现了分段单元制作、分段合拢、分段舾装、分段涂装等的每日派工人数和工时数据的输入和统计分析,能够依据海装项目生产作业计划以图形实时显示分析结果。该功能可以扩展到海装项目的其他专业作业。

6. 预警模块管理

采用与实时计划和标准 KPI 对比方法,实现了分段单元制作、分段合拢、分段舾装、分段涂装等的进度和 KPI 数据的统计分析,并能够依据阀值以各自作业定义的颜色实时显示和发出警报。该功能可以扩展到海装项目的其他专业作业。

第二节　加强我国海装制造企业项目质量控制保障措施

一、项目质量控制的原则

海装制造企业项目决策实施的质量控制的原则主要包括以下方面。

(一)零不合格过程原则

该原则是对项目决策实施过程中全过程进行控制,追求项目决策实施中过程的有效性及效率,争取过程的输出为“零不合格”。但是在现实的生产制造过程中并不存在绝对的零不合格过程,这种状态是一种理想的质量状态,因此只有通过不断地在项目决策实施的过程中加强质量管理,不断进行质量改进,才能使项目决策实施质量逐步接近零不合格过程。这种方法是一种以预防为主的积极的质量控制方法,要求在项目实施过程中全面加强质量管理,积极消除人为因素引起的质量缺陷,并及时制定相关的措施来消除导致质量缺陷的原因。

(二)灵敏性原则

该原则要求在项目实施过程中,能够有效识别影响项目质量的主要影响因素,加强对项目进行中质量信息的沟通,对出现的质量问题及时做出反应,制定有效的措施来及时处理质量缺陷。

(三)自控性原则

项目的质量管理过程与进程管理类似,也是一个系统性的过程。在项目管理的过程中,组织、制度、资源都要能够适应项目生命周期中各阶段的不同要求,同时质量管理过程本身能够进行自我调节,及时梳理在项目质量管理中的瓶颈和阻碍,不断改进和自我升级,从而有助于项目质量的不断提高。

二、项目质量控制的方法

项目质量控制过程是以控制论、系统论、概率论和统计学原理为基础的控制过程,是为了保障主体在变化的环境中实现预期的目标,从而按照一定的计划和标准采用各种方式对控制对象进行监督和纠正的行为过程。总的来说,质量控制是以信息流的流动为基础,主要包括控制主体、控制对象和信息流三个要素。因此按照信息流的流动可以将质量控制的方法概括如下:

(一)前馈控制法

该方法也称为开环控制法,是在项目实施过程中及时识别并确认过程中出现的质量问题,及时发现和排除过程中的质量异常变异,以保证过程的整体稳定性和阶段产品质量的一致性。

(二)反馈控制法

这种方法是要求在制订检验方案的基础上,对过程和产品进行事后的测量、反馈和检验的过程,从而使检验合格的过程及产品保持一定的质量水平,同时利用检验所得到的信息进行信息的反馈过程。

(三)实时控制法

在项目实施的全过程中对质量进行全面的控制,加强对工作过程的全过程监督,在最短时间内发现问题并解决问题。

在海装制造企业项目决策实施的过程中一般采用多种控制方法交互的综合方法,其中主要采用前馈控制的方法,辅以实时控制方法与反馈控制方法。本书构建海装制造企业项目决策实施过程中的质量控制过程如图 7 –5 所示。

从图 7 –5 中可以看出,在海装制造企业项目决策的实施过程中,企业通过前馈控制制订项目实施过程中的质量控制计划与质量控制标准等,以信息流的形式输入项目决策的实施过程,同时加强项目决策的实施控制,并进行信息的相互反馈,及时修正在项目实施过程中所出现的质量问题,同时输出项目信息,通过反馈

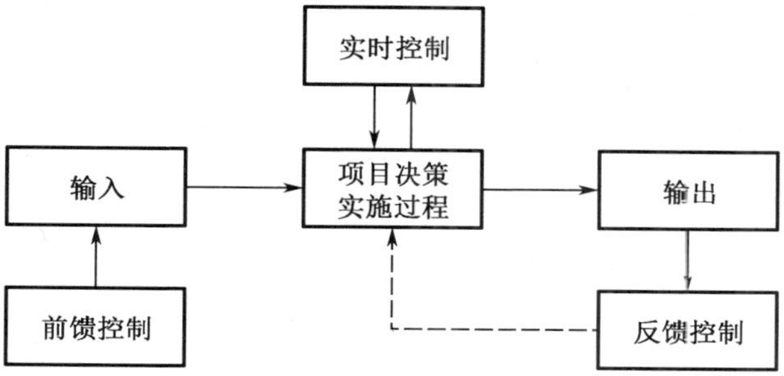

图7－5　海装制造企业项目决策实施过程的控制方法

控制，对项目实施过程及中间产品进行检测，同时将信息反馈至具体的项目决策实施阶段，进行及时的修正。

三、项目质量管理的全过程控制

（一）项目启动过程的质量控制

在决策主体对项目作出决策后，项目即启动。在项目成立之初，项目承担部门应积极与决策主体沟通，明确项目进行的预期质量目标及所需要的各种物资条件和组织条件，同时建立项目实施阶段的质量管理规范，编制项目质量管理计划，对项目执行过程中的可能遇到的各种质量问题进行预测和评估，并建立相应的应急措施，同时完善组织内部的管理制度，加强项目实施过程中的质量管理。

（二）项目实施过程的质量控制

项目的实施过程是项目质量管理的最为关键的环节，从项目确定实施到项目取得实质性的成果，项目实施过程对项目质量的控制至关重要。因此在物资采购过程中应对供应方进行全面的质量评价，对重点设备、关键物料的采购进行严格的质量评估。同时结合项目的进度管理，按照项目进度的各个阶段的工作任务，制订质量控制计划，采用实时控制方案。

（三）项目收尾阶段的质量控制

在项目执行完毕并经决策主体进行验收后，应对整个项目实施阶段出现的问题进行总结和整理，并总结出在项目质量管理中的经验性做法，或者项目未达到预期质量目标的经验总结，以便为企业在对今后类似项目作出决策时提供决策的依据，提高企业的决策效率。

第三节　加强我国海装制造企业项目风险控制保障措施

由于海装制造企业项目一般具有投资大、周期长等特点，项目决策实施是一项极其复杂的系统工程。在项目实施的过程中不可避免地要受到很多不确定因素的影响，因此如果企业不能在短时间内识别风险、制定应对措施，那么就可能会出现项目不能及时完成、质量不达标、资金周转不灵甚至是项目失败的风险。

一、项目风险监控的目标

海装制造企业项目风险监控的目标主要有以下几点：

（一）尽早识别风险

风险管理的主要目标就是在项目早期及早地识别出风险，对项目风险进行管理，制定相应的风险规避措施，保障项目的顺利进行。

（二）避免在项目进行中发生风险事件

海装制造企业项目进行中会受到多种风险因素的影响，因此企业应尽量在风险进行早期控制和处理，防止在项目进行中发生重大风险事件，对项目进行造成致命的影响。

（三）尽量降低项目风险的不利影响

如果在项目进行的早期没有及时地识别风险和控制风险，在项目进行中导致了风险事件的发生，企业应积极应对，采取多种对策以降低项目风险的不利影响。

（四）及时对风险发生的经验教训进行总结

在项目进行的全生命周期中，项目风险事件的发生在所难免，而企业除了要积极应对意外还要注重对风险管理中经验与教训的总结，完善企业的风险管理案例库，以便企业在今后生产经营中遇到类似的风险时，可以采取更加积极和有针对性的措施来应对风险。

二、基于信息流的项目全生命周期的风险管理过程

信息是海装制造企业项目决策和项目决策实施的关键，因此本节在前文进度监控系统设计的基础上，构建项目全生命周期管理信息系统。该系统的构建是在充分利用信息的基础上，对项目关键过程的风险进行全面管理。本书根据项目管理中对项目风险管理的研究，构建基于信息流的项目风险管理过程体系，如图7－6所示。

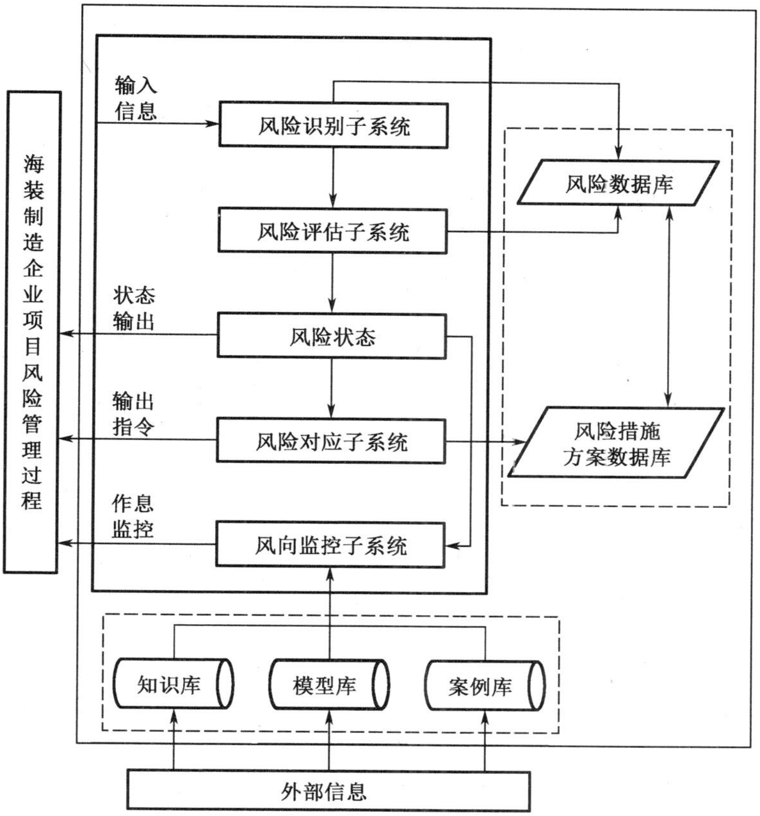

图 7－6　基于信息流的项目风险管理体系

在此风险管理信息系统中，以项目的全生命周期管理为基础，对影响项目进行全过程的各种风险要素进行识别、分析和评估，提出相应的风险应对方案，并构建风险监测、预警体系。该风险管理信息系统是在本书所构建的进度管理模型的基础上设计的，主要包括风险管理系统、风险管理数据库和风险管理外部支持系统。风险管理系统由风险识别、风险评估、风险应对和风险监控四个子系统构成；风险管理数据库由风险数据库和风险措施方案数据库组成；风险管理外部支持系统由风险管理知识库、风险管理模型库和风险管理案例库构成。

决策主体在项目实施的全生命周期中按照进度管理中对项目任务的分工，对每个工作任务的风险进行全面的监控，通过对相关风险信息的收集，对风险进行识别和评估，确定主要的风险因素、风险类型、风险发生的可能性以及风险发生所造成的后果和对项目的影响，进而制定相应的风险应对措施，同时风险监控子系统密切监视风险的发生，利用企业的风险管理知识库、风险管理模型库、风险管理案例库等外部信息平台对风险进行控制，以便保障项目的顺利实施。

三、项目风险监控方法

海装制造企业项目风险的监控贯穿于项目实施的全过程中，是项目管理的重要环节。因此应制定相关的项目风险预警机制与项目风险应急预案来加强项目风险的监控。

（一）项目风险预警机制的构建

项目风险预警机制构建的目的就在于能够在项目风险事件发生之前对项目的风险有合理的预期和评估，提醒项目决策主体加强对风险的控制。项目风险预警机制主要包括风险的监测、识别、诊断和评价四个方面。对风险的监测包括对项目实施过程中的薄弱环节和重要关键环节的风险监控，还包括对风险信息的收集和处理，建立风险信息档案。对风险的识别主要包括对风险的主要影响因素、风险类型、风险发生的可能性以及风险发生后造成的后果进行识别。风险诊断主要是对已经识别出的风险事件进行成因的分析和发展趋势的分析及预测。风险评价是在风险事件发生后，对风险事件中现象进行评价，以确定企业的生产经营的状态，并在适当的时候采取项目退出机制。

（二）项目风险应急预案的制定

项目风险应急预案制定的目的就是为了防止风险带来的不良后果进一步扩大，将项目的损失控制在合理的范围内。风险应急预案主要包括以下两个方面的内容：一方面，应制定风险应急小组并明确划分职责，由决策主体领导层担任项目风险应急小组的组长与副组长，项目承担部门的相关领导担任组员，同时制定各指挥机构承担的主要责任；另一方面，应制定相应的危险源监控、预警行动、信息报告与处置、响应程序、应急结束、信息发布、后期处置等相关的方案，确保能够对项目风险制定完善的应急响应方案，并制定完善的方案实施保障。

第四节　加强我国海装制造企业外部环境保障措施

根据前文分析，海装制造企业项目决策系统受到了项目组织内部各种要素的影响，如决策主体对于决策系统的主导性影响，决策信息对于决策系统正确性的支撑性作用。决策系统受到了来自决策系统内部的影响外，亦受到了决策系统外部宏观环境的影响，产业的宏观环境决定了企业发展的前景，是企业项目决策中必须加以考虑的因素。在本节中，我们即从海装制造外部环境入手，分析有效运行决策系统的保障措施。

PEST 分析是一种较为常用的分析宏观环境的模型，对于分析不受企业掌握却对于企业具有根本性影响的要素尤为适用。PEST 分析包括四种维度的分析，分别是 P(Political,政治)、E(Economic,经济)、S(Social,社会)以及 T(Technological,科技)。

一、政治要素保障措施

(一)加快立法进程

以发展高新科技、开拓战略性新兴产业来谋求国家的经济发展并增强国家的核心竞争力,已在世界各国政府中达成共识。以海装制造业为例,为促进相关产业充分迅速地发展,世界各国先后制定了一系列法令法规。如美国在 1966 年制定的《海洋资源与工程开发法》、2000 年颁布的《2000 年海洋法令》以及 2004 年的《21 世纪海洋蓝图》都对该国海装制造业起到了重要的推动作用;日本将海洋工程视为重点产业,1968 年制定了《关于引进技术自由化法》,提倡技术引进,在《海关关税法》以及《制造基础技术振兴基本法中》中都提到了采用普惠性的财政和税收政策刺激海装制造业的发展。

建立完善的海装制造业法律体系,是市场经济的必然要求,是海装制造业维持运营秩序的必然要求,是政府宏观调控的必要依托,是全面考虑海洋技术进行正确引导的有效手段,是科学发展观的发展需要,也是产业国家化战略的有力保障。完善的法律体系,是我国海装制造业适应市场经济、顺应产业形势、解决负面问题的客观需要。

(二)拓展国际交流

分析我国海装制造企业的现状,既没有技术上优势,也没有世界知名品牌,在人才、管理、资本等方面都与欧美发达国家存在差距。全球化进程虽然使我国海装制造业有极大的竞争优势,但开放的国际环境也为我国提供了向其他国家借鉴学习或者引进技术的机会。在当前形势下,通过多层面、多形式的国际合作,是我国更好更快发展海装制造业的有效途径。从海装制造业高风险、受金融资本影响深、市场前景难以把握的特点出发,深化国际间合作交流,可以降低风险程度,提高产品生命周期。

“引进来,走出去”是我国一项重要的国家战略,是实现对外开放的必要途径。我国海装制造业在关键技术攻关上需要与国际合作,分享世界先进成果;在发展模式上,需要借鉴国外的先进经验,少走弯路;在产品推广上,需要与世界各国携手,让我们的产品开拓更大的海外市场。因此,我国需要加强与欧美、韩国、新加坡等的先进海装制造业的联系与沟通,可以通过项目联合开发、人员学者交流学习等方式紧密协作,共同分担研发成品与风险;利用我国劳动力成品优势,多渠道引进国际资本,完善产业链条构建;鼓励重点企业开拓国际市场,进行国际战略投资或跨国企业合并,打造具有世界影响力的自主品牌;搭建国际化程式化产业合作平台,深入开展世界各国在各领域、各层次的交流沟通,为各国共同发展提供契机,达到

“双赢”甚至“多赢”的效果。可以说,要提高我国海装制造业的综合竞争力,国际合作交流乃是必经之路。

二、经济要素保障措施

(一)加强宏观调控

海装制造业作为我国海洋经济发展的主要方向,是我国新兴产业的战略规划的重要一环,已经受到了国家政策的重点关注。为了继续保持海装制造业高速发展,政府除继续保持对海装制造业的政策关注度外,更要有所侧重。根据海装制造业规模较大、设备先进、对传统产业依赖程度高的特点,加之我国金融资本市场尚不健全,主要政策应该格外侧重金融政策的支持以及优化市场资源配置两个方面。

金融政策主要包括财政补贴、税收优惠和风险投资三个方面。一方面,海装制造业产业集群需要雄厚的资金保障;另一方面,税收优惠、财政补贴是鼓励企业进入市场与成熟企业进一步发展的重要手段。更重要的是,制定符合我国国情的信贷优惠政策,可以有效降低产业风险,推动企业发展。国外许多国家通过银行或基金会向高新科技企业提供低息贷款,但目前为止我国还没有针对这方面企业统一的优惠政策。

随着我国海装制造业发展的深入,其面临的竞争日趋激烈,政府应当积极发挥对市场资源配置的引导作用,以国内外市场需求为导向,对产业的分布及各种资源进行合理配置,以获得整体效益最大化。海装制造业涉及多行业、多领域,也涉及多学科、多技术,协调发展是处理复杂关系的重要手段,也是发展海洋经济必须重视的原则。因此,加强政府对各区域、各行业、各领域的宏观调控,整合资源、协调发展,才能最大限度地发挥我国海装制造业的整体优势,促进我国海装制造业可持续发展。

(二)调整产业结构

海装制造业迎来难得的发展机遇,导致传统的造船行业纷纷进入该领域试图抓住机遇进一步发展。但由于我国现阶段技术相对落后,且海装制造业涉及国家核心利益,导致我国海装制造业企业集中在低端领域,生产产品主要为技术含量低、附加值低的船体建设或低端改造。因此,调整产业结构是当前海装制造业的当务之急。

(三)打造自主品牌

我国海装制造业经过几十年的发展已经取得了不小的成绩,但行业主要的产品仍然集中在中低端市场,大部分的关键装备依赖进口,拥有的自主品牌少之又少。产业的进一步发展究其根本还是依赖于相关企业的发展壮大。全球化的竞争对中国海装制造业造成了巨大的冲击,欧美等发达国家带来的垂直竞争挤压了本土海装制造企业的利润空间，同时全球化的生产网络更加剧了本土海装制造企业与价值链相同环节的其他企业间的横向竞争，大大约束了本土海装制造企业的竞争实力的提升。

自主品牌是企业的无形资产，是企业的生命力所在。增强海装制造企业的核心竞争力，打造技术可靠、质量有保障的国际知名品牌，是提高我国海装制造业抢占全球海洋工程装备市场，提升我国海装制造业整体竞争实力的有效途径。打造我国海装制造业的自主品牌，需要政府政策的引领、需要产业集群同类企业的互补与提升，更重要的是发挥企业的主体作用。品牌的打造需要技术创新，需要质量过硬，需要服务突出，需要企业优良的信誉度，从根本上提升我国海装制造企业的品牌能力，是打造自主品牌的前提。

三、社会要素保障措施

（一）人才培养引进机制

我国海装制造业正处于产业发展的成长期，产业面临着技术差距大、发展遇到瓶颈的问题，在此时期人才的培养和引进尤为重要。充足、优质、持续的各层次人才支撑，是产业持续发展的必要保证。针对我国海装制造业人才匮乏的现状，我们可以从以下几方面策略来满足人才需求：通过岗位培训，综合提高现有员工的专业素质，可以针对特定岗位进行专门的培训，培养适应产业发展趋势的技术人才、管理人才；完善多层级专业培养体系，落实各大高校、科研院所相关专业人才的培育及输送，有效对接海装制造业的人才需求；完善社会保障体制，抓紧落实福利制度和激励制度，以实现人才建设的持续性和高质性；注意营造良好的企业氛围，采用优惠的政策，引进跨行业优秀人才或国外高层次人才，为我国海装制造业的发展提供智力保障。

（二）履行社会责任

海装制造业作为国家战略性新兴产业，将成为我国新的经济支柱型产业，对我国的能源安全、海洋战略具有极其重要的影响。借着海洋资源开发利用的契机，国家对于海装制造企业进行较大力度的培育与扶持，与此同时，海装制造企业必须在享受政策的同时，履行应尽的社会责任和义务。

在哥本哈根会议之后，发展低碳经济成为世界各国关注的焦点，发展节能环保型企业成为我国从发展中国家转型为发达国家的必由之路。低碳经济是低碳发展、低碳产业、低碳技术、低碳生活等一类经济形态的总称，是指低碳生产力和人民生活水平发展均达到一定水平，旨在将温室气体排放降低到一定的水平，减少各国及其国民受到气候变暖的不利影响，最终保障可持续的全球人居环境的经济形态，其发展的关键要素包括能源结构、社会经济结构、产业结构、技术水平、资源禀赋、消费模式等。目前国内外学者对于低碳经济的研究成果主要集中在四个方向：一是低碳经济的内涵及其发展要素;二是碳排放量测量及碳排放要素分解;三是低碳经济评价预测;四是低碳发展政策及对策。对低碳政策和对策研究较多,总结来看国家法律法规、激励政策、市场手段是目前为低碳经济提出的主要政策手段;对策研究目前多集中在国家层面和区域、产业层面,主要包括制定发展规划、调整产业结构、改善能源结构、注重低碳技术开发、扩大碳汇潜力、加强低碳文化导向、增强国际合作、建立环保特区等方面。而在本书中,我们更关注的是宏观层面低碳经济在我国实行时对我国经济的影响,以及企业层面实现节能减排的国家辅助性措施。

从国家层面,为了经济增长与低碳经济之间关系,我们借鉴文献《Analysis of Correlation between Capital Stock and Energy Intensity :A Case of China》中对于资本存量和能源强度的关系进行定量分析的方法加以说明。

资本存量是一国财富总量的重要组成部分,反映一定时期内经济主体的资本要素投入水平及形成的资本存量,对经济增长起着举足轻重的作用,一直被学者们认为是解释经济增长的重要指标。亚当·斯密认为资本积累是经济增长理论的一个重要因素,其大小决定了社会生产力水平。哈罗德 - 多马模型认为一个国家产出总量的大小取决于资本存量的大小,在哈罗德 - 多马经济模型中认为资本积累将成为经济增长的唯一源泉。2011 年,雷鹏在研究中也表明资本存量规模是推动地区经济增长的重要因素之一。

能源强度又称单位 GDP 能耗,指一定时期内一国或地区生产一个单位国内生产总值所消耗的一次能源数量,它反映经济对能源的依赖程度,是经济增长质量的重要指标,受一系列因素的影响,包括经济结构、经济体制、技术水平、能源结构、人口等。近年来学者们开始将能源强度作为衡量低碳经济发展的重要指标,王淑新等认为如果 t 年能源强度大于 $t+1$ 年能源强度,则经济沿着低碳方向发展,符合可持续发展要求。此外,茅阳一,Ramakrishnan Ramanathan,Ugur Soytas 研究发现能源消耗量是影响碳排放量的重要因素,Xing-Ping Zhang & Xiao-Mei Cheng 等学者研究表明降低能源强度能有效减少二氧化碳排放量,由此可见能源强度对发展低碳经济有很重要作用。

而就该文献中利用数据进行分析,得到能源强度与资本存量间互为负向格兰杰因果关系,即能源强度的降低必然会引起资本存量的增加,由于资本存量是提高经济发展速度的主要因素,该结果说明降低能源强度在有效较少二氧化碳排放量同时,不会降低经济增长速度。这种结论从宏观角度上论证了低碳经济的施行并不会影响国家层面的经济增长。

从企业层面分析,节能减排实际上包含节能与减排两部分内容,通常节能主要从提高员工环保意识、减少施工过程中的能源消耗入手,通常减少浪费的思想可以利用企业管理中的精益管理思想加以控制。而减排活动更加侧重于减少污染物的排放,涉及污水、废弃物的处理,清洁能源的使用等问题,往往需要企业加大环保方面的投资，增加了企业财务成本中的环保成本一项。

根据以上分析，采用节能减排的方针，走低碳经济发展路线，必然会对环境起到保护的作用。从国家的宏观层面来讲，低碳经济的发展并无碍于国家经济的增长，然而从企业层面采用节能减排措施会对企业的价值活动产生影响，故而为了贯彻海装制造企业的环保进程，除了使企业具备充分的环保意识外，也需要国家对于节能减排的企业给予适当的鼓励，如放宽贷款限额、减免部分费用等。

四、科技要素保障措施

（一）加快信息化进程

信息技术与高端装备制造业的融合已成为提高相应产业竞争力的重要手段，更确切地说，是将飞速发展的 IT 技术应用在高端装备制造业的运营过程中，利用信息技术在产品生产研发、业务拓展执行、组织管理等方面促进生产效率的提高。

信息技术在高端装备制造业中的应用是全球技术革命带来的历史性机遇，它对整个传统产业升级转型为现代化产业起到了重要的推动作用，也是我国高端装备制造业国际化发展的必经之路。迄今为止，我国已经建立了较为完整、独立的工业体系，但与制造业先进国家相比仍然存在一定差距。我们需要运用信息技术促进产品开发与技术创新；运用信息技术促进管理模式创新；运用信息技术促进产业链完善及相关行业协作；运用信息技术开拓产业市场。

在此基础上，我国海装制造业需进一步加强网络基础设施建设，形成产业间统一、畅通、规范的内部网络体系，保证信息的顺畅，使产业间各企业、各区域、各部门第一时间获取动态信息，及时制定相关决策，抓住机遇，规避风险。加强信息化建设，通过实现海装制造业的信息化来带动工业化，实现产业优化并逐步走向国际化。

（二）倡导技术创新

我国海装制造水平与国外相比仍有很大差距，产品附加值低，配套装备国产化程度低，缺乏设计总包能力成为我国海装制造业持续发展的严重掣肘。政策引导技术创新是改善当前局面的有效途径。加强海装制造业核心技术的研究，需要我国从政策方面重视起来，尽快摆脱产业处于价值链低端的处境。一方面，可以通过技术引进的方法，汲取欧美、韩国、新加坡等先进的技术和经验，消化吸收；然而，由于海装制造业涉及国家发展海洋、利用海洋的关键环节，该领域的核心技术往往受到了严密的产权保护，所以提高科技自主创新能力是从根本上解决问题的办法。我国政府可以通过加大对各大高校、科研院所的资金投入，建设国家重点实验室；对重点项目进行政府补贴，促进相关产业的研发力度；加强知识产权的奖励维护力度，激发科研人员的积极性；建立完善的产—学—研链条，促进科研成果的有效转化；制定海洋工程项目的“本土化率”指标，鼓励现有项目国产装备的使用等手段，促进我国海装制造业的科技实力逐步提高,从根本上提高我国海洋产业的综合竞争力。

(三)完善产业链条

海装制造业是海洋经济的支柱型产业,但面临着产业规模大而实力弱,产业位于全球产业格局的下游,因此,完善产业链条需求迫切。

海装制造业产业链具有以下特点:产业链条长、产业链尚不完整、关键企业研发创新能力弱、配套装备产业发展滞后。针对以上特点,完善产业链条应从以下几方面入手。

首先,着重发展海装制造业配套产业。在海洋工程装备中,船体的主体建造仅占整体份额的一小部分,大部分的附加值集中在配套装备相关产品。目前,我国关键配套装备的对外依存度依然很高,已经成为了制约我国海装制造业发展的重要因素。着重发展配套装备产业,重视核心配套装备的生产研发,从中低端逐步跨向高端,从而提高我国海洋工程的综合实力。

其次,注重产业链的整合。加强海装制造业产业链上下游的合纵,同行业的连横,建立纵向延伸、横向联合的集群式发展模式。以国家政策中鼓励的产业聚集地为基础,以大型优势海装制造企业为核心,以相关制造业、配套装备产业、服务业等为补充,衍生出技术相关、产品配套的集群发展模式,形成卫星式集群结构。

最后,注重与传统产业间的耦合。新兴产业往往建立在传统产业的基础上,传统产业的良好发展是新兴产业的基石;虽然新兴产业属于知识密集型产业,但高新技术往往以成熟的传统技术为核心落脚点;同时,新兴产业所需要的大量资本往往来源于传统产业的积累,相反,新兴产业对传统产业也有一定的带动作用,很多高新技术往往可以适用于传统产业的技术革新与产业升级。

附录 A　我国海装制造企业决策系统构成要素相互关系调查问卷

尊敬的专家/领导：

非常感谢您于百忙之中抽出时间参与本次调查。本次问卷调查采取匿名形式，调查对象为海洋工程装备制造企业的生产部门、计划部门等的企业员工及管理者，您所提供的信息仅用于学术性研究，并保证不提供与第三方，且不应用于研究以外的其他目的。

决策系统是决策具有科学性的重要保障，根据决策系统组成部分，我们将决策系统的构成要素划分为决策系统的输入构成要素、决策系统的主体构成要素以及决策系统的输出构成要素。

决策系统的构成要素见表 A－1：

表 A－1　决策系统的构成要素表

分类	构成要素	描述性定义
总体	决策系统	决策系统整体
输入构成要素	决策目标	决策系统的预期成果要素，制定于决策初始环节，明确了决策最终的需求
	决策原则	决策系统的指导性要素，规范了决策的过程
	决策环境	决策系统的运行影响要素，影响了决策的内容与效果
主体构成要素	决策主体	决策系统的直接参与要素，参与了决策的全过程
	决策客体	决策系统的运作对象要素，决定了决策初始条件
	决策信息	决策系统的决定性支持要素，直接影响了决策的价值和准确性
	决策组织	决策系统的结构性要素，构成了决策的主要框架
	决策方法	决策系统的方法性要素，指导了决策制定的科学性

表 A－1(续)

输出构成要素	决策结果	决策系统的结果性要素，是决策过程中的阶段性成果
	决策绩效评价	决策系统的评价要素，综合决策的各种要素判定决策的优劣

在海装制造企业中，您认为以下构成这10个变量的要素之间是否存在相互关系。请您根据贵企业实际情况选择适合的选项，谢谢合作！

请您判断表 A－2 中要素间是否存在相互关系，如存在关系，请在以下方框内打钩“√”。

表 A－2 要素间关系判断表

1	决策系统	决策客体	决策环境	决策信息	决策组织	决策目标	决策原则	决策方法	决策结果	决策绩效	其他要素
决策主体											
2	决策主体	决策系统	决策环境	决策信息	决策组织	决策目标	决策原则	决策方法	决策结果	决策绩效	其他要素
决策客体											
3	决策主体	决策客体	决策系统	决策信息	决策组织	决策目标	决策原则	决策方法	决策结果	决策绩效	其他要素
决策环境											
4	决策主体	决策客体	决策环境	决策系统	决策组织	决策目标	决策原则	决策方法	决策结果	决策绩效	其他要素
决策信息											
5	决策主体	决策客体	决策环境	决策信息	决策系统	决策目标	决策原则	决策方法	决策结果	决策绩效	其他要素
决策组织											

表 A－2(续)

6	决策主体	决策客体	决策环境	决策信息	决策组织	决策系统	决策原则	决策方法	决策结果	决策绩效	其他要素
决策目标											
7	决策主体	决策客体	决策环境	决策信息	决策组织	决策目标	决策系统	决策方法	决策结果	决策绩效	其他要素
决策原则											
8	决策主体	决策客体	决策环境	决策信息	决策组织	决策目标	决策原则	决策系统	决策结果	决策绩效	其他要素
决策方法											
9	决策主体	决策客体	决策环境	决策信息	决策组织	决策目标	决策原则	决策方法	决策系统	决策绩效	其他要素
决策结果											
10	决策主体	决策客体	决策环境	决策信息	决策组织	决策目标	决策原则	决策方法	决策结果	决策系统	其他要素
决策绩效											

另：您认为以上决策系统构成要素是否全面，如不全面，请加以补充：

附录 B 我国海装制造企业决策系统运行绩效定性指标评估调查问卷

尊敬的专家/领导：

非常感谢您于百忙之中抽出时间参与本次调查。本次问卷调查采取匿名形式，调查对象为海装制造企业的生产部门、计划部门等的企业员工及管理者，您所提供的信息仅用于学术性研究，并保证不提供与第三方，且不应用于研究以外的其他目的。

决策系统是保证决策科学性、有效性的重要工具，为了对决策系统运行绩效进行有效的评价，我们希望借此问卷收集本企业项目决策系统运行绩效的指标体系中定性指标的相关数据。请您根据实际情况填写对以下情况进行打分，谢谢合作！

1——完全不符合；2——不符合；3——不清楚；4——较符合；5——完全符合。

表 B-1 问卷调查表

编号	请根据您所知道的实际情况在右边数字选项下打“√”	符合程度				
1	现有决策组织的领导具有较强的领导能力	1	2	3	4	5
2	您可以完全胜任现有工作	1	2	3	4	5
3	决策参与者各方面能力完全匹配项目决策	1	2	3	4	5
4	现有决策受到直觉、潜意识、性格因素等主观影响较多	1	2	3	4	5
5	您对新兴事物接收程度较快	1	2	3	4	5
6	您经常就关键问题与同事发生争执	1	2	3	4	5
7	您经常与同事进行沟通互动	1	2	3	4	5
8	现有企业文化对决策过程进行十分有利	1	2	3	4	5
9	现有项目决策组织对决策进展十分有利	1	2	3	4	5
10	决策制度相关条文覆盖全面	1	2	3	4	5

表 B－1(续)

编号	请根据您所知道的实际情况在右边数字选项下打“√”	符合程度				
11	决策制度相关条文易于制定	1	2	3	4	5
12	决策制度相关条文具有监督检查条例	1	2	3	4	5
13	决策过程中群众参与程度很高	1	2	3	4	5
14	决策组织行事效率十分迅速	1	2	3	4	5
15	大部分例行决策有程序化执行方案	1	2	3	4	5
16	您可以充分利用决策信息平台各项功能	1	2	3	4	5
17	您具有良好的信息资源搜集能力	1	2	3	4	5
18	您具有良好的信息资源整合能力	1	2	3	4	5
19	您具有良好的信息资源利用能力	1	2	3	4	5
20	企业现有信息资源数量充足	1	2	3	4	5
21	企业现有信息资源质量高	1	2	3	4	5
22	企业现有信息资源保密程度好	1	2	3	4	5
23	企业现有信息资源共享程度高	1	2	3	4	5
24	决策使用信息准确性高	1	2	3	4	5
25	决策使用信息及时性高	1	2	3	4	5
26	决策信息传递渠道十分通畅	1	2	3	4	5
27	决策外部支持十分有效	1	2	3	4	5
28	您对形成的决策方案十分满意	1	2	3	4	5
29	客户对于项目决策方案十分满意	1	2	3	4	5
30	客户对于项目决策结果十分满意	1	2	3	4	5

附录 C　企业项目决策系统运行绩效调查问卷

尊敬的专家/领导：

非常感谢您于百忙之中抽出时间参与本次调查。本次问卷调查采取匿名形式，调查对象为海装制造企业高层管理者、决策理论领域相关专家，您所提供的信息仅用于学术性研究，并保证不提供与第三方，且不应用于研究以外的其他目的。

根据提供的近几年决策系统指标数据，请各位专家对该项目决策系统运行绩效进行评价，评价等级分为五种，依次是：差，较差，一般，较好，好。请您根据该项目的实际情况进行评分，谢谢合作！

请您在下表中对应方框内打钩“√”。

表 C－1　评价表

因素集/评语集		差	较差	一般	较好	好
决策主体	决策集权度					
	群众参与度					
	知识结构					
	能力结构					
	心理结构					
决策组织	决策主体配合					
	企业文化					
	决策制度					
	决策程序化					
	组织设置					
	组织效率					
决策信息	决策主体信息能力					
	决策信息渠道通畅性					

表 C-1(续)

因素集/评语集		差	较差	一般	较好	好
决策支持	决策外脑支持					
	电子设备普及					
	决策信息技术					
决策绩效评价	决策满意度					
	决策失误率					
	决策收益					
	决策时间					

基本信息采集

为了方便对研究数据进行分析,烦请您如实填写以下基本信息:

(1)您的性别:□男□女

(2)您的年龄:

(3)教育程度:

(4)您的单位:

(5)所在部门:□研发□生产制造□进度计划□人力资源□综合管理
□物流/材料□财务□其他

(6)您已经在当前部门工作__________年;您在本行业工作了__________年

(7)您对本调查问卷的宝贵意见:

本问卷到此结束,再次感谢您为本研究做出的贡献!

参考文献

[1] 中国船舶工业行业协会. 2013 年船舶工业经济运行分析[J]. 中国水运,2014(2):36 - 39.

[2] LOVE P, GUNASEKARAN A, LI H. Concurrent engineering: a strategy for procuring construction project[J]. International Journal of Project Management, 1998(10):125 - 131.

[3] 张劲文. 大型交通建设项目管理集成研究[D]. 长沙:中南大学,2005.

[4] LIENTZ B P. Project Management for the 21st Century[M]. New York: Academic Press,1999:27 - 28.

[5] 戚安邦. 项目管理学[M]. 天津:南开大学出版社,2003.

[6] BABU, SURESH. Project management with time, cost and quality considerations [J]. European Journal of Operational Research,1996,88(2):320 - 327.

[7] HERBSLEB J. Software Quality and the Capability Maturity Model[J]. Communications of the ACM,1997,40(6):89 - 90.

[8] BASKERVILLE R, PRIES - HEJE J. Managing Knowledge Capability and Maturity [J]. Information Systems,1999,30(2):26 - 43.

[9] IVERSEN J, NIELSEN P A, NORBJERG J. Situated assessment of problems in the software development[J]. Information Systems,1999,30(2):66 - 81.

[10] Glass R L. The reality of software technolog payoffs[J]. Communications of the ACM,1999,32(2):74 - 79.

[11] JAMES S. PENNYPACKER, GRANT K P. Project management maturity: an industry benchmark [J]. Project Management Journal,2003(3):23 - 32.

[12] IBBS C W, KWAK Y H. Assessing project management maturity[J]. Project Management Journal,2000,31(1):32 - 43.

[13] KWAK Y H, IBBS C W. Financial and organizational Impacts of Project Management [C]//PMI. The 28th PMI Symposium. Chicago: [s. n.],1997:9 - 11.

[14] KWAK Y H, IBBS C W. Project Management Process Maturity (PM)2 Model[J]. Journal of Management in Engineering,2002(7):150 - 155.

[15] IBBS C W, KWAK Y H. The benefits of project management[C]//Nameless.

Financial and organizational rewards to corporations. Philadelphia: PMI Educational Foundation, 1997: 32 -6.

[16] 布鲁斯. 社会主义经济运行问题[M]. 中国社会科学出版社, 1984.

[17] KAYSEN C. Another view of corporate capitalism[J]. The Quarterly Journal of Economics, 1965(01): 41 -51.

[18] 凯森, 丁忱. 关于公司资本主义的另一观点[J]. 现代外国哲学社会科学文摘, 1965(09): 13 -15.

[19] 西蒙. The New Science of Management Decision[M]. 北京: 中国社会科学出版社, 1982: 67 -89.

[20] 席酉民, 刘文瑞. 组织与决策[M]. 北京: 中国人民大学出版社, 2009: 45 -67.

[21] 贝, 刘延华. 企业决策的要秘[J]. 经济社会体制比较, 1985(02): 57 -63.

[22] HOGARTH R M, REDER M W. Editors' comments: perspectives from economics and psychology[J]. The Journal of Business, 1986: 185 -207.

[23] CASTELLAN N J. Individual and Group Decision Making: Current Issues[M]. New Jersey: Lawrence Erlbaum Associates, 1993.

[24] LANGLEY A, MINTZBERG H, PITCHER P, et al. Opening up decision making: the view from the black stool[J]. Organization Science, 1995, 6(3): 260 -279.

[25] STEVE C, NIGEL S. 制定管理决策教程[M]. 北京: 华夏出版社, 2000: 67 -120.

[26] LI DENG - FENG, YANG JIAN - BO. Fuzzy linear programming technique for multiattribute group decision making[J]. Information Sciences, 2004(158): 263 -275.

[27] OLCER A í, ODABASI A Y. A new fuzzy multiple attribution group decision making methodology and its application to propulsion/manoeuvring system selection problem[J]. European Journal of Operation Research, 2005, 166(1): 93 -114.

[28] FAN ZHI - PING, MA JIAN, JIANG YAN - PING, et al. A goal programming approach to group decision making based on multiplicative preference relations and fuzzy preference relations[J]. European Journal of Operational Research, 2006, 174(1): 311 -321.

[29] ALTUZARRA A, MORENO - JIMÉNEZ J M, SALVADOR M. A Bayesian priorization procedure for AHP - group decision making[J]. European Journal of Operational Research, 2007, 182(1): 367 -382.

[30] JABEUR K, MARTEL J M. An ordinal sorting method for group decision - making [J]. European Journal of Operational Research, 2007, 180(3): 1272 -1289.

[31] INOHARA T. Self – consistency of decision rules for group decision making[J]. European Journal of Operational Research,2007,180(3):1260 – 1271.

[32] Nutt P C. Intelligence gathering for decision making[J]. Omega,2007,35(5):604 – 622.

[33] MILCH K F, WEBER E U, APPELT K C, et al. From individual preference construction to group decision: framing effects and group processes [J]. Organizational Behavior and Human Decision Processes, 2009, 108 (2): 242 – 255.

[34] DONG YU – CHENG, ZHANG GUI – QING, HONG WEI – CHIANG, et al. Consensus models for AHP group decision making under row geometric mean prioritization method[J]. Decision Support Systems,2010,49(3):281 – 289.

[35] YEH CHUNG – HSING, CHANG YU – HERN. Modeling subjective evaluation for fuzzy group multicriteria decision making [J]. European Journal of Operational Research,2009,194(2):464 – 473.

[36] FU CHAO, YANG SHAN – LIN. The group consensus based evidential reasoning approach for multiple attributive group decision analysis[J]. European Journal of Operational Research,2010,206(3):601 – 608.

[37] KROHLING R A, CAMPANHARO V C. Fuzzy TOPSIS for group decision making: a case study for accidents with oil spill in the sea [J]. Expert Systems with Applications An International Journal,2011,38(4):4190 – 4197.

[38] BYRNES J P. The Nature and Development of Decision – making: A Self – regulation Model[M]. New Jersey: Lawrence Erlbaum Associaiates,2011.

[39] SHI S W, WEDEL M, PIETERS F G M. Information acquisition during online decision making: a model – based exploration using eye – tracking data [J]. Management Science,2013,59(5):1009 – 1026.

[40] CROWLEY P H, ZENTALL T R. Comparative Decision Making[M]. New York: Oxford University Press,2013.

[41] CHAUDHURI A, MOHANTY B K, SINGH K N. Supply chain risk assessment during new product development: a group decision making approach using numeric and linguistic data [J]. International Journal of Production Research, 2013, 51 (10):2790 – 2804.

[42] CHIESA V, COUGHLAN P, VOSS C A. Development of technical innovation audit [J]. Journal of Product Innovation Management,1996(3):23 – 25.

[43] PAWAR K S. DRIVA H. Performance measurement for product design and development in a manufacturing environment [J]. International Journal of

Production Economics,1999(5):60 - 61.

[44] MARSHALL,JEFFREY. The strategy - focused organization: how balanced scorecard companies thrive in the new business environment[J]. Financial Executive,2000(11/12):181 - 182.

[45] 何兵.海洋工程建造的项目管理[J].造船技术,1996(7):3 - 6.

[46] 朱亮.工程设计项目管理中的计划控制[J].中国海上油气:工程,1999(2):21 - 27.

[47] 单彤文.浮式生产储卸油装置设计的组织与管理[J].中国海上油气:工程,2000(4):15 - 19.

[48] 钱多一.FPSO 开发与并行工程[J].船舶,2001(5):34 - 39.

[49] 高绍新,纪卓尚,林焰.船舶与海洋工程项目管理信息系统分析与初步设计[J].大连理工大学学报,2001(2):207 - 212.

[50] 高绍新.先进项目管理技术的理论方法及关键技术研究与应用[D].大连:大连理工大学,2001.

[51] 顾根南.项目管理在现代船舶建造工程中的应用[J].江苏船舶,2002(3):39 - 42.

[52] 谈谷月.BELANAK FPSO 建造项目管理中的文件控制[J].中国海洋平台,2003(6):48 - 52.

[53] 倪嘉政.海洋平台建造质量控制的工人培训[J].中国海洋平台,2003(6):56 - 60.

[54] 丁岚.船舶研制风险管理探讨[J].交通企业管理,2004(9):71 - 75.

[55] 林鹰.我国造船工业海洋工程装备成果显赫[J].交通与运输,2005(3):18 - 19.

[56] 姚月姣.装备制造企业技术能力再造模式研究[D].大连:大连理工大学,2006.

[57] 孙波.项目管理方法在海洋工程中的应用研究[D].大连:大连理工大学,2006.

[58] 余文明.国防重大工程项目团队的项目管理能力评价模型研究[D].西安:西北工业大学,2007.

[59] 谭成旭.复杂装备制造管理系统研究[D].大连:大连理工大学,2007.

[60] 张志文,吕锋,杨晓英,等.装备制造企业工程成套战略实施研究[J].煤矿机械,2008(3):8 - 9.

[61] 裴立.装备制造企业技术人才测评体系研究[D].长春:吉林大学,2009.

[62] 唐学生.海洋工程用钢需求现状及前景分析[J].船舶物资与市场,2010(1):10 - 12.

[63] 王玉晶. 装备制造企业国际化经营价值链管理研究[D]. 哈尔滨:哈尔滨工程大学,2010.
[64] 王延博. 论我国海装制造业国际化战略法律保障体系构建[J]. 经济研究导刊,2010(23):71 -73.
[65] 郭静. 我国海装制造业产业发展和布局研究[D]. 大连:辽宁师范大学,2011.
[66] 李钊. 海洋工程装备项目进度监控模式及预警 DSS 总体设计[D]. 哈尔滨:哈尔滨工程大学,2011.
[67] 叶雯雯. 基于 BOM 的海洋工程装备产品作业成本估算方法研究[D]. 镇江:江苏科技大学,2011.
[68] 赵阳华. 培育高端装备制造产业的对策研究[J]. 中国经贸导刊,2011(13):16 -18.
[69] 李颜昭. 启动蓝色引擎发展海洋经济[J]. 中国财政,2011(12):68 -69.
[70] 胡翔. 修造船企业拓展海洋工程装备产业的前景分析[J]. 中国修船,2011(5):3 -5.
[71] 李钊,单建伟. 海洋工程装备项目中产品与活动的可追溯管理研究[J]. 科学与管理,2011(5):64 -70.
[72] 周通. 海装项目电装进度监控的关键数据链研究及系统设计[D]. 哈尔滨:哈尔滨工程大学,2012.
[73] 汪帆. 海洋工程装备制造基地地基处理方法及优化研究[D]. 天津:天津大学,2012.
[74] 黄磊. 地方政府如何推动高端装备制造业的发展[J]. 中国高新区,2012(1):118 -119.
[75] 赵东,马晓平,蒋志勇. 船舶制造中的工时/物量数据统计分析系统研究[J]. 造船技术,2003(2):8 -10.
[76] 崔燕. 海工装备业问鼎国家科技进步一等奖[J]. 中国船检,2012(05):63 -66.
[77] 李旭东,苏世标,陈建雄,等. 深水海洋工程装备制造职业病危害预测与控制措施分析[J]. 中国卫生工程学,2012(5):356 -359.
[78] 吴凯. 海洋工程装备在我国社会发展中的地位与作用[J]. 国防科技工业,2012(10):41 -42.
[79] 陈家本. 海洋工程制造中的关键焊接技术分析[J]. 电焊机,2012(11):11 -14.
[80] 杜利楠,姜昳芃. 我国海装制造业的发展对策研究[J]. 海洋开发与管理,2013(3):1 -6.
[81] 吴锋,刘文煌. 手工装配作业下的一种调度策略与控制方法[J]. 清华大学学

报:自然科学版,1998(2):58-61.
[82] 江本帅,张永康,王匀,等.大型海洋工程装备的浮态制造方法研究[J].机械设计与制造,2013(4):165-167.
[83] 苏昆,陶永宏,陈慧敏.成本视角下海洋工程装备供应链协同模型研究[J].科技管理研究,2013(8):209-212.
[84] 张佩德.试论企业经营的三步决策思想[J].内蒙古科技,1981(2):46-49.
[85] 秦光汉.企业决策素质与最佳经济效益[J].科学管理研究,1983(6):47-50.
[86] 李耀东.预测——管理决策的重要手段[J].上海企业,1983(3):60-61.
[87] 赵广兴.情报对企业决策的影响[J].情报科学,1985(2):24-27.
[88] 常修泽,黄志亮.企业决策论[J].天津师大学报:社会科学版,1988(06):17-21.
[89] 郑惠德.企业决策的特点[J].齐鲁学刊,1989(4):108-109.
[90] 唐齐千.企业决策与系统思想[J].决策借鉴,1989(1):20-22.
[91] 苏甘淳.企业决策水平提高的方向[J].当代财经,1990(12):44-47.
[92] 陈银龙.浅谈企业决策的民主化科学化制度化与程序化[J].上海企业,1992(4):15-17.
[93] 杨友明,宁超群.出诱人的陷阱——浅谈企业决策的市场导向原则[J].决策探索,1993(3):15-17.
[94] 赵守国.企业决策体制的理性构造[J].西北大学学报:哲学社会科学版,1994(1):110-114.
[95] 甘宝珍,李翀.企业决策的分析方法[J].统计与决策,1996(1):31-32.
[96] 凌彤.企业决策系统功能评价及影响因素[J].统计与决策,1996(5):15-16.
[97] 李大昌.企业决策管理:科学决策的程序与方法[J].工厂管理,1996(2):15.
[98] 熊玲玲.试论决策与管理[J].学术论坛,1997(9):1-5.
[99] 谭志奇.企业决策的心理学特征及原则探析[J].长沙电力学院社会科学学报,1997(1):59-60.
[100] 于敬德.现代企业决策系统探析[J].中国工业经济,1995(7):34-36.
[101] 陈斐松,蒋馥,王意冈.Petri 网在现代企业决策系统中的应用[J].上海交通大学学报,2000(11):1539-1544.
[102] 周祖城.企业决策的伦理评价模型[J].决策借鉴,2001(3):11-15.
[103] [117]乔冬梅.企业决策支持系统信息基础建设的情报学原理探讨[J].图书情报工作,2001(7):20-22.
[104] 易图耀.试谈博弈论在企业决策中的应用[J].湖南经济管理干部学院学报,2003(3):33-82.
[105] 王武,匡树勋.企业决策的理性与理念[J].税务与经济:长春税务学院学报,

2002(4):57-59.
[106] 金春雨.企业决策民主化趋势的经济学分析[J].税务与经济:长春税务学院学报,2002(3):60-61.
[107] 范建平,梁嘉骅.信息社会企业决策信息风险研究[J].科技与管理,2004(5):45-47.
[108] 孙健.经济信息网络建设与企业决策[J].今日工程机械,2004(3):50-52.
[109] 谢雄标,葛莉.论现代企业决策系统的构建[J].企业经济,2004(9):76-77.
[110] 田华.完善企业决策系统与运行模式,提高企业效率[J].求实,2004(S3):126-127.
[111] 谢琳琳.公共投资建设项目决策系统研究[D]重庆.重庆大学,2005.
[112] 陈伟.重大工程项目决策系统研究[D].武汉:武汉理工大学,2005.
[113] 张彩江,马庆国.基于决策元价值概念模型的系统决策价值认知研究[J].管理科学,2004,15(4):86-91.
[114] 张彩江,邝国良.复杂决策模式(CDM)形成:一个分析概念框架[J].系统工程学报,2007,22(12):669-674.
[115] 罗依平.协商决策模式:理论视角、限制因素与实施策略[J].中国软科学,2008,23(6):1-6.
[116] 李晓东.构建修船企业决策支持系统[J].中国修船,2004(2):13-16.
[117] 张圣亮,张哲人.AHP法及其在企业决策中的应用[J].科技管理研究,2006(3):204-207.
[118] 刘天卓,崔浩,陈晓剑.企业集团决策系统的双层演化模型[J].运筹与管理,2006,1(15):156-159.
[119] 雒波,闫慧.信息时代的企业决策[J].科技成果纵横,2005(3):56.
[120] 王艳杰,赵静,李馨.统计在企业决策中作用的探析[J].辽宁工学院学报:社会科学版,2005(5):77-79.
[121] 刘涛,吴雪亮.数据挖掘在企业决策中的应用[J].中国高新技术企业,2008(07):41-50.
[122] 任福兵.企业决策中竞争情报价值实现路径研究[J].情报杂志,2008(10):87-89.
[123] 吴增源,黄祖庆,伍蓓.信息技术能力对企业绩效影响机制的实证研究[J].科学学与科学技术管理,2009(8):151-156.
[124] 曾楚宏,林丹明.信息技术应用与企业决策权的配置:情境因素的作用[J].商业经济与管理,2009(09):23-29.
[125] 冯忠泽,李庆江,任爱胜.农产品生产企业质量安全成本收益及决策系统分析[J].农业系统科学与综合研究,2009(2):208-212.

[126] 王冠忠,陈力昌. 新经济体制下的企业决策系统研究[J]. 决策咨询通讯,2010(3):88-91.

[127] 古家军. 企业高管团队战略决策系统权变整合模型构建——基于战略决策速度的视角[C]//吕福新. 浙商研究 2010. 杭州:浙江工商大学出版,2011:8.

[128] 钱晨. 不同公司治理情境下的企业决策系统评价——来自浙江省制造业企业的实证数据[J]. 国际经济合作,2011(1):86-89.

[129] 陈浩森. 对中央国有企业决策系统探索[J]. 商业文化:下半月,2011(4):81.

[130] 王冠忠,陈力昌. 新经济体制下的企业决策系统研究[J]. 决策咨询通讯,2010(3):88-91.

[131] 惠宝锋. 信息资源整合在企业决策中的作用[J]. 中小企业管理与科技:下旬刊,2010(12):5.

[132] 叶莉,张晓云,周砚青. 高新技术企业决策风险的影响因素研究[J]. 企业经济,2011(8):33-36.

[133] 董高伟. 企业决策的博弈论解读[J]. 产业与科技论坛,2011(16):247-248.

[134] 严玲君. 数据在企业决策中的应用探析[J]. 新西部:理论版,2012(7):51-53.

[135] 曹平. 浅论企业决策与信息支持[J]. 科技广场,2012(3):164-166.

[136] 卢忠东. 物联网环境下制造企业决策数据时空属性及模型[J]. 物流技术,2013(3):168-171.

[137] 邹琪. 经济运行分析对企业决策的重要性[J]. 科技资讯,2013(6):181.

[138] 易雪辉,周宗放. 竞争市场下的存货质押融资银行信贷决策系统研究[M]. 中国上海,2012.

[139] 钱晨. 民营企业决策系统设计优化及其案例分析——一个劳资关系的分析视角[J]. 国际商务财会,2012(12):19-22.

[140] 刘慧,陈晓华,吴应宇. 基于异质性视角的中国企业创新决策系统研究[J]. 中南财经政法大学学报,2013(3):143-150.

[141] 吴振兴,张天明. 建立健全企业决策、激励机制推动上海国资国企改革——"绿地"快速发展的经验和启示[J]. 上海农村经济,2013(11):38-40.

[142] 项金玲. 模糊最优化视角下的企业决策管理最优化研究[J]. 统计与决策,2013(24):56-58.

[143] 徐晓伟,张军. 我国企业绩效非财务评价指标体系的构建[J]. 统计与决策,2000(10):25-26.

[144] 曾祥云. 基于供应链管理理论的企业绩效评价[J]. 经济管理,2001(5):30-32.

[145] 财政部统计评价司.企业效绩评价工作指南[M].经济科学出版社.2002.
[146] 徐国祥.我国上市公司财务状况的非线性主成分分析研究[J].经济数学,2002(12):17-20.
[147] 王光杰,钟裕敏,刘国新.高新技术企业绩效评价与平衡记分卡[J].武汉理工大学学报:信息与管理工程版,2002(6):128-131.
[148] 宋小敏,杨青,万君康.高新技术企业综合评价研究[J].科学学研究,2002(1):81-83.
[149] 袁健红,吴利华.影响高新技术企业绩效的因素分析[J].中国科技论坛,2003(1):60-64.
[150] 姚梅芳,郑雪冬,金玉石.基于 Kaplan-Norton BSC 法的高科技网络及软件创业企业绩效评价体系研究[J].工业技术经济,2004(6):103-105.
[151] 姚正海.基于 BSC 的高技术企业经营业绩评价指标体系研究[J].内蒙古煤炭经济,2006(1):51-55.
[152] 温素彬,黄浩炭.利益相关者价值取向的企业绩效评价[J].会计研究,2009(4):62-68.
[153] 姚锋,金列.多元化动机影响企业财务绩效机理研究[J].管理世界,2009(12):137-149.
[154] 温素彬.企业二重绩效的居次变权综合评价模型[J].会计研究,2010(12):82-87.
[155] 卿放,干悦之.企业绩效评价方法研究:网顾与展望[J].商业研究,2010(1):62-64.
[156] 吴正杰,宋献忠.企业绩效测评标准选择[J].会计研究,2011(4):75-81.
[157] BÉNABOU R. Inequality and Growth[J]. NBER Macroeconomics Annual,1996,41(1):570-576.
[158] 工信部.船舶工业"十二五"发展规划[J].船舶标准化工程师,2012(3):16-23.
[159] 赵红丹,彭正龙.基于扎根理论的强制性公民行为影响因素研究[J].管理评论,2012,24(3):132-139.
[160] 杜晓君.基于扎根理论的中国企业海外并购关键风险的识别研究[J].管理评论,2012,24(4):20-29.
[161] 王世权,牛建波.利益相关者参与公司治理的途径研究——基于扎根理论的雷士公司控制权之争的案例分析[J].科研管理,2009,30(4):105-144.
[162] 王建明,王俊豪.公众低碳消费模式的影响因素模型与政府管制政策——基于扎根理论的一个探索性研究[J].管理世界,2011(4):58-68.
[163] 王建明,贺爱忠.消费者低碳消费行为的心理归因和政策干预路径:一个基

于扎根理论的探索性研究[J].南开管理评论,2011,14(4):80－89.
[164] 谢琳琳.公共投资建设项目决策机制研究[D].重庆:重庆大学,2005.
[165] 王书红.金融危机背景下企业并购投资决策体系研究[D].长春:吉林大学,2011.
[166] 杨敬民.基于J2ME的手机移动电子商务应用研究与系统设计[D]南京:南京航空航天大学,2006.
[167] 杜利楠,姜昳芃.我国海洋工程装备制造业的发展对策研究[J].海洋开发与管理.2013(3):1－6.
[168] 党媚.区域停车诱导系统综合评价研究[D].西安:长安大学,2008.
[169] 王凌虹.企业安全生产标准化的经济效果评价方法研究[D].北京:首都经济贸易大学,2013.
[170] 张生瑞.公路交通可持续发展系统分析与评价[D].西安:长安大学,2002.
[171] 吴旭丹.工程建设标准化对国民经济影响的评价方法研究[D].北京:北京交通大学,2010.
[172] 刘峰.高速公路建设项目后评价研究[D].南京:河海大学,2006.
[173] 高由子.船舶工业企业融资决策评价及优化研究[D].哈尔滨:哈尔滨工程大学,2011.
[174] 王友乐,刘玉君,邓燕萍.基于量化分析的船体分段装配工艺优化研究[J].造船技术,2008(5):15－18.
[175] 周通.海装项目电装进度监控的关键数据链研究及系统设计[D].哈尔滨:哈尔滨工程大学,2012.
[176] 周晓燕,杨军.成熟度评估在航天型号项目质量管理中的应用[J].项目管理技术,2011(8):81－85.
[177] 陆萍.突围中的中国纺织品出口企业[J].经济师,2005(12):29－30.
[178] 陈小姣.低碳经济的法律思考[D].长沙:湖南师范大学,2011.
[179] 杜利楠.我国海洋工程装备制造业的发展潜力研究[D].大连:大连海事大学,2012.
[180] 袁小量.制造企业低碳竞争力演化研究[D].哈尔滨:哈尔滨工程大学,2012.
[181] 陈春华.江苏省经济、能源与环境系统(3E)协调与可持续发展研究[D].镇江:江苏大学,2008.
[182] 田志勇.双重结构对单位GDP能耗的影响研究[D].北京:北京交通大学,2009.
[183] 邵兴军.经济增长方式转变下的能源强度及能源回弹效应变化研究[D].镇江:江苏大学,2011.

[184] 徐志海. 中油海 9 号平台建造项目管理若干问题的研究[D]. 上海：上海交通大学，2011.
[185] 王文. 自升式钻井平台桩腿弦管项目研发过程管理研究[D]. 天津：天津大学，2012.
[186] 陈靖. 建筑工程项目分承包管理方式的探讨[J]. 煤炭工程，2009，32(2)：107－109.
[187] 孙华英. 海洋工程项目绩效管理研究[D]. 山东：中国海洋大学，2009.
[188] 杨培举. 海洋工程防污将有法可依——《防治海洋工程建设项目污染损害海洋环境管理条例》解读[J]. 中国船检. 2006(11)：26－29.

后　　记

本书的研究、写作和出版的过程是在我的恩师哈尔滨工程大学赵金楼教授的精心指导下完成的，并得到了哈尔滨工业大学王铁男教授，东北农业大学索志林教授，哈尔滨工程大学徐建中教授、范德成教授、毕克新教授、陈伟教授、史丽萍教授、孟凡生教授、李拓晨教授、张海峰副教授的帮助和指点，在此表示诚挚的感谢！

在本书的写作过程中，我们还参考了大量国内外同行专家的相关研究成果，从中得到了许多启示和帮助，在此也向这些成果的完成者们表示衷心的感谢！

海装制造企业项目决策系统问题所涉及的知识丰富而复杂，限于我们的学识和经验，本书难免会存在诸多缺陷和问题，恳请同行专家学者和广大读者批评指正，共同促进这一领域的进一步深入研究。

徐鑫亮

2016 年 5 月于哈尔滨